# 苏轼雅趣

## 花有清香月有阴

马文戈 著

团结出版社

**图书在版编目（CIP）数据**

苏轼雅趣：花有清香月有阴 / 马文戈著 . -- 北京：
团结出版社 , 2022.11
ISBN 978-7-5126-9139-1

Ⅰ . ①苏… Ⅱ . ①马… Ⅲ . ①苏轼 (1036-1101) － 传
记 Ⅳ . ① K825.6

中国版本图书馆 CIP 数据核字 (2021) 第 183784 号

出　版：团结出版社
　　　　（北京市东城区东皇城根南街 84 号　邮编：100006）
电　话：（010）65228880　65244790（出版社）
　　　　（010）65238766　85113874　65133603（发行部）
　　　　（010）65133603（邮购）
网　址：http://www.tjpress.com
E-mail：zb65244790@vip.163.com
　　　　tjcbsfxb@163.com（发行部邮购）
经　销：全国新华书店
印　装：三河市东方印刷有限公司

开　本：146mm×210mm　32 开
印　张：14.625
字　数：218 千字
版　次：2022 年 11 月　第 1 版
印　次：2022 年 11 月　第 1 次印刷

书　号：978-7-5126-9139-1
定　价：49.00 元
　　　　（版权所属，盗版必究）

# 目　录

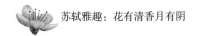

# 目 录

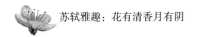

# 目录

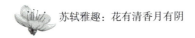

# 序

苏轼的意义

# 1

自古以来，文人多雅趣。自古以来，文人也多磨难。

苏轼在中国文化史上的大名，从来不再需要任何人多费任何的口舌，而面对伴随一生的厄运和挫折，苏轼表现出的那份从容和洒脱，世间亦鲜有人能与之相提并论。

他是一位忧国忧民的卓越诗人，更是一位妙趣横生的时尚歌者；无论顺境，还是逆境，他都扎根于脚下的大地，把命运之歌吟咏得有滋有味，引人入胜。

他，就是那个唱出"大江东去，浪淘尽，千古风流人物"的豪放词人；他，就是那个写出"十年生死两茫茫，不思量，自难忘"的痴情男子。

他，就是那个写出"欲把西湖比西子，浓妆淡抹总相宜"的迷人画家；他，就是那个写出"不识庐山真面目，只缘身在此山中"的生活哲人。

苏轼雅趣：花有清香月有阴

他，就是那个关注民生，为官一任，造福一方，写下"我在钱塘拓湖渌，大堤士女争昌丰"的朝廷重臣；他，就是那个因才华惹了祸，从黄州贬到惠州，最后流放到海南岛，写出"问汝平生功业，黄州惠州儋州"的潦倒书生。

厄运面前不悲观，懂幽默，睡得好，吃得好，玩得好。面对恶人不记仇，看得破，心宽广。

琴棋书画，样样精通；禅佛儒道，皆有心得；吟诗赋文，堪称大才；看山观水，自得其乐。

人生如茶，苏轼对茶可谓一往情深，他说饮茶是人间最有味道的事："人间有味是清欢！"他酒量不大，但深爱酒中趣，得空就陶醉在微醺的状态中："是非忧乐两都忘。"

"长江绕郭知鱼美，好竹连山觉笋香。"他还是个名副其实的大吃货，不过他所贪食的美味绝不都是所谓的山珍海味，因为他还是一个名副其实的养生家。

"手种堂前桃李，无限绿阴青子。"他还喜欢自己造房子，被贬黄州的日子，居无定处的他自己动手建起了一所东坡"雪堂"，过起了神仙般的小日子：从此，前半生的苏轼，

化茧成了可爱的苏东坡。

尘世浮沉，江湖险恶，无论小人还是君子，他都坦诚相待，一视同仁，朋友遍天下。他曾自信满满地说："吾上可陪玉皇大帝，下可陪卑田院乞儿，眼前见天下无一不好人。"

吟诗作画，喝茶酿酒，谈道悟禅，赏花种草。无论是非福祸，他都喜欢把那些粗糙的生活，过成诗一样的优雅。

抚琴观棋，研墨刻砚，绘雪望月，赏石画竹。无论出世还是入世，他都愿意把那些美丽诗意的文字，扮靓日常世俗的不堪。

诸子百家无所不窥，儒释道经典驾轻就熟。儒家给了他家国天下的使命，道家给了他潇洒豁达的心态，佛家给了他看淡一切的心胸。这些生命的养料，融进他的灵魂，沉淀成智慧和格局。飘零大半生，贬谪大半个中国，无论在哪里，他都能随遇而安，不忘初心。

唯一可惜的是，就是这样一个"人间不可无一难能有二"的人物，一生的才华和抱负没有多少施展的机会。"苏门六君子"之一的李方叔为他写的祭文，其中有文字曰：

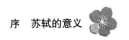

　　道大不容，才高为累。皇天后土，鉴平生忠义之心；名山大川，还千古英灵之气。识与不识，谁不尽伤；闻所未闻，吾将安放？

　　面对那些坎坷与厄运，苏轼并非没有刻骨的伤痛。苏轼曾说：此间有什么歇不得处？与其说苏轼战胜了那些苦难和折磨，不如说他自己战胜了自己；与其说他治愈了自己，不如说他看透了生命。

　　他的满身才华，宛如玉如天成，他的一生命运，宛如雨打浮萍；而在如此境遇和框架之下，苏轼的人生却恰如他笔下那独一无二的"石压蛤蟆"书法，如此张扬遒劲，机趣无限。

　　这是一种达观，更是一种能力，这种快乐的能力一直伴随着苏轼度过那些谪贬失意的岁月。

　　珍惜生命，热爱生活；在世俗中生活，在生活中快乐。

　　这是一种执着，更是一种智慧，这种智慧足以让他抖落

身上的痛苦，暂且忘却眼前的苟且。


## 2


有人说："好看的皮囊千篇一律，有趣的灵魂万里挑一。"才华横溢、命运坎坷的苏轼就是这样一个灵魂有趣的人。

无论得意还是困窘，他都要用心经营那份生命的自在与淡定。纵然"人生如梦"，也要尽力让所有的梦想都开出绚烂的花朵。

"小轩窗，正梳妆。相顾无言，惟有泪千行。"这是伤感的他在怀念相濡以沫的亡妻。"不知天上宫阙，今夕是何年？"这是微醺的他在把酒问天。

"日啖荔枝三百颗，不辞长作岭南人。"这是屡遭谪贬的他在尽情享用大自然的馈赠。"但寻牛矢觅归路，家在牛栏西复西。"这是酒醉后的苏轼，忘记了归家的路，踉踉跄跄，一路向西，醉态可掬，人生境界可敬。

自在，淡定，虽屡遭不幸，依然葆有一颗雅趣的灵魂；

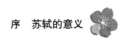

豪放，深情，虽备受打击，却依然满心热情，把当下的生活过得饶有兴致。

这就是苏轼，一个生趣盎然、亘古少有的天才文人，一个心系苍生、仕途坎坷的有为官员。这就是苏东坡，一个至情至性的行吟歌者，一个通达睿智的人生导师。

林语堂曾说：苏轼已死，他的名字只是一个记忆，但是他留给我们的，是他那心灵的喜悦、思想的快乐，这才是万古不朽的。

也有人曾说：每个中国人心中，都有一个苏东坡。他的快乐、温暖和宽容，感动了那个时代，也感动着今天的我们。

这是一颗感人而平凡的骄傲灵魂，是一种高远而实在的人生艺术；这是一种生动迷人的尘世生活，这是一种丰满有趣的生命标本。

太多的时候，我们都是孤独的，我们又都是自由的；太多的时候，我们都是豪情万丈的，我们又都是身不由己的；太多的时候，我们都是踌躇满志的，我们又都是狼狈不堪

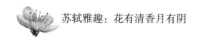 

的。每个人都会有美丽迷人的生命梦想，面对困厄和不幸，我们又将何以自处？古云："达者兼济天下，穷则独善其身。"对于每一个热爱生活的人而言，这样似乎还不够，因为这样的人生还不够诗意和生动。

自古以来，置身于世俗的泥潭，谁能真正诗意地栖居？苏轼笔下的文字，引起了后世太多人的共鸣；苏东坡的人生姿态，打动了后世太多人的心灵。

如此狼狈不堪的仕途："心似已灰之木，身如不系之舟。"却又有着如此忍俊不禁的兴致："人老簪花不自羞，花应羞上老人头。"

如此苦难困厄的人生："小屋如渔舟，濛濛水云里。空庖煮寒菜，破灶烧湿苇。"却又有着如此烂漫可爱的情趣："只恐夜深花睡去，故烧高烛照红妆。"

南宋名臣王十朋如此评价苏轼说：

东坡先生之英才绝识，卓冠一世，平生斟酌经传，贯穿子史，下至小说、杂记、佛经、道书、古诗、方言，莫不

8

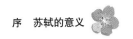

毕究。故虽天地之造化，古今之兴替，风俗之消长，与夫山
川、草木、禽兽、鳞介、昆虫之属，亦皆洞其机而观其妙，
积为胸中之文。

传奇一生，悲喜交集。"苏门四学士"之一秦观曾这样
评价苏轼：

苏氏之道，最深于性命自得之际；其次，则器足以
任重，识足以致远；至于议论文章，乃其与世周旋，至粗
者也。

此言可谓一语中的。

苏轼曾说："古之成大事者，不惟有超世之才，亦必有坚
忍不拔之志。"或许，要想在这喧闹纷纭的世间过得快乐自
在，除了"超世之才"和"坚忍不拔之志"，还应该有直面
现实的勇气和热爱生活的信心。

无疑，苏轼正是这样的人。

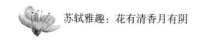
中国古代，苏轼这样的个体生命可能绝无仅有。他似乎穷尽了生命的可能性，穷尽了中国古代文化的可能性，同时抵达了生存的广度和深度。

世人之所以喜爱苏轼，正是因为如此。或许，这也正是苏轼带给世间每一个人的意义。

千年之前，他一生风雨，泰然处之，把别人眼中的困顿和苟且，活成了自己的潇洒人生，别人的苦难仅仅是苦难，而他的苦难里却开出了灿烂的花朵。

千年之后，让我们走进苏轼的人生世界，去品味那一份自在淡定的禅意，体会那一颗旷达雅趣的灵魂。

第一卷

从来佳茗似佳人：苏轼与茶

人生如茶，苏轼尤得个中真味。"从来佳茗似佳人"，在苏轼的眼里和心里，茶是和人见人爱的佳人一样重要的。

　　苏轼爱茶成痴，不仅品茶，还亲自种茶造茶，并因此留下了许多脍炙人口的茶诗词和茶故事。

## 千古第一妙语

在流传至今的有关茶的文字里，苏轼有一句妙语"从来佳茗似佳人"，可谓空前绝后，令人难忘。

元祐七年（1092 年），苏轼的好友，时于福建任转运判官的曹辅寄来了北苑刚刚制出的壑源新茶并诗一首。苏轼品尝佳茗后诗兴顿生，步原韵和诗一首，以表谢意：

仙山灵草湿行云，洗遍香肌粉未匀。

明月来投玉川子，清风吹破武林春。

要知冰雪心肠好，不是膏油首面新。

戏作小诗君勿笑，从来佳茗似佳人。

曹辅是名谏臣，他多次上书切谏宋徽宗不理国政的事，并因此被徽宗下诏遣送郴州。因为这首和诗，曹辅而为天下

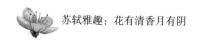

茶人所共知。但在苏轼诗句如日当空的照耀下，曹辅的原诗没有流传开来，苏轼的这首诗却成了咏茶的名篇。

这首立意灵动，名为《次韵曹辅寄壑源试焙新芽》的诗，赞美的是产自武夷山麓建州的北苑龙凤团茶。全诗句句写佳人，同时又是句句写佳茗。诗中的玉川子，是唐代诗人卢仝的别号，其《走笔谢孟谏议寄新茶》为他赢得了茶中"亚圣"的称号；明月，指团茶；武林是旧时杭州的别称，以武林山得名；心肠，此指茶的内质；膏油，是指在茶饼面上涂一层膏油，这是当时流行的制茶方法。

全诗勾画出一幅美丽的图画：在高入云端的茶山上，茶芽为流动着的云雾所浸润。清洁的泉水将采下的茶芽轻轻清洗，以保证新茶气味的芬芳。圆如明月的茶饼在春风陶醉的夜晚来到诗人家，诗人饮后不觉像唐代诗人卢仝那样清风生两腋，从而感受到杭州的春意。此茶不仅制作精美，更是产地正宗，品质优良。我写下此诗你千万不要嘲笑，在我的心里，从来佳茗似佳人。

在苏轼的笔下，壑源新茶成了刚刚出浴的美人，如出水芙蓉，冰肌玉肤，粉妆未匀；喝起来会感到一种温暖的春意；没加膏油，又显出天然的真味和内在的美质。"从来佳茗似佳人"一句，开风气之先，成为后人品评佳茗的习惯用语。全诗用词典雅，拟人描写精彩，画面感强，意境优美，确是咏茶诗中的佳作。

古往今来，自有了茶这个不可或缺的生活品后，关于茶的比喻可以说五花八门，其中最具创意和形象思维的，当数"佳人"莫属。苏轼此句诗一出，古今所有关于茶的比喻，都立刻相形见绌，黯淡无光，这一诗句因此被誉为是"古往今来咏茶第一名句"。

茶非天地凡物，在苏轼看来，能品到上好的茶，就如邂逅一位佳人一样，令人动心动容。在此之前，谁能有胆量把茶比作美女来品赏呢？在此之后，古诗还有哪一句能出其右呢？把佳茗比作佳人，文字之美，意境之美，尽在于此了。

从此，古时历代与茶有缘的人，无论是种茶、制茶还是喝茶的，无论是庙堂大咖还是山野村夫，无论是真风流

苏轼塑像

还是假风雅，莫不争相传诵，一定会意"佳茗"与"佳人"的妙意。

苏轼把佳茗比作佳人，让人别开生面，啧啧称奇，成为品茶的千古佳句。杭州藕香居茶室将此诗中的"从来佳茗似佳人"一句，与苏轼的另一首名作《饮湖上初晴后雨》中的"欲把西湖比西子"，组成了一副茶联："欲把西湖比西子，从来佳茗似佳人。"可谓天作之合耦，令人叫绝。

## 人生如茶：因茶而生的美丽文字

一盏好茶，随缘自适。在我国茶文化史上，苏轼是一个彻底的茶人。茶充实着苏轼的日常生活，他的一生，就是与茶相依相伴的一生。

人生如茶，苦乐自知。苏轼爱茶成痴，身心沉醉于斯，我们只要看看他那些因茶而生的迷人文字就知道了。

苏轼爱茶，无论睡前，还是睡起，他都要喝茶：

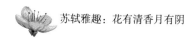

沐罢巾冠快晚凉，睡余齿颊带茶香。

舣舟北岸何时渡，晞发东轩未肯忙。

——《留别金山宝觉圆通二长老》

不忧儿辈知此乐，但恐造物怪多取。

春浓睡足午窗明，想见新茶如泼乳。

——《越州张中舍寿乐堂》

案牍劳形，晚间辛苦工作时一定要喝茶：

簿书鞭扑昼填委，煮茗烧栗宜宵征。

乞取摩尼照浊水，共看落月金盆倾。

——《次韵僧潜见赠》

胸有块垒，不吐不快，创作诗文时更要喝茶：

皓色生瓯面，堪称雪见羞。

东坡调诗腹，今夜睡应休。

——《赠包安静先生茶二首》

就是在睡梦中，苏轼也是在品茶，醒来后的他如是记道：

十二月二十五日，大雪始晴。梦人以雪水烹小团茶，使美人歌以饮。余梦中为作《回文》诗，觉而记其一句云："乱点余花唾碧衫。意用飞燕唾花故事也。乃续之，为二绝句云。"

尤为奇特的是，这两首在睡梦里成就的茶诗，竟然是可以倒着读的，真的让人别有一番意境在心头：

其一

酡颜玉碗捧纤纤，乱点余花唾碧衫。

歌咽水云凝静院，梦惊松雪落空岩。

9

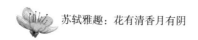
其二

空花落尽酒倾缸，日上山融雪涨江。

红焙浅瓯新火活，龙团小碾斗晴窗。

无论任职赴任，还是遭贬外放，在饥渴劳顿的漫漫旅途上，苏轼最最思念的还是茶。赴任徐州太守时，他作《浣溪沙》，形象地记述了他讨茶解渴的情景：

酒困路长惟欲睡，日高人渴漫思茶，敲门试问野人家。

无一刻不是茶，无一处没有茶。宁可一日无肉，不可一日无茶。无茶不欢畅，无茶不尽兴。

苏轼不只是烹茶、品茶的高手，还是个种茶、制茶的能手。

贬谪黄州期间，苏轼生活困顿，老友马正卿替他向官府申请来一块荒地，苏轼带领家人亲自耕种，凭地上收获以解"因匮乏食"之急。在黄州的日子，苏轼的人生开始脱胎换骨，获取了真正的个性自由。正是在这里，他写下了《前赤壁赋》《后赤壁赋》和千古绝唱《念奴娇·赤壁怀古》。他从此自号"东坡居士"，在这块取名"东坡"的荒地上，他还种上了茶树，并赋诗以记之：

周时记苦茶，茗饮出近世。

初缘厌粱肉，假此雪昏滞。

嗟我五亩园，桑麦苦蒙翳。

不令寸地闲，更乞茶子艺。

苏轼还创作有一首《水调歌头》，这首词记述了采茶、制茶、点茶、品茶时的全过程，生动传神，十分令人向往：

已过几番风雨，前夜一声雷。旗枪争战，建溪春色占先魁。采取枝头雀舌，带露和烟捣碎，结就紫云堆。轻动黄金

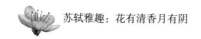 苏轼雅趣：花有清香月有阴

碾，飞起绿尘埃。

老龙团、真凤髓，点将来。兔毫盏里，霎时滋味舌头回。唤醒青州从事，战退睡魔百万，梦不到阳台。两腋清风起，我欲上蓬莱。

苏轼一生颠沛流离，每到一处，凡有名茶佳泉，他都会有感而发，写下清新感人的诗词。

白云峰下两旗新，腻绿长鲜谷雨春。

这是在写杭州白云茶。

龙焙今年绝品，谷帘自古珍泉。

这是在写谷帘珍泉煎烹的龙焙绝品。

磨成不敢付僮仆，自看雪汤生玑珠。

12

这是在写江西修水的双井茶，为当时的贡茶之一。这个茶好得苏轼都不敢让书童仆人过手，亲自沏泡，因为他要好好欣赏，澄澈的茶汤仿佛生出玑珠美玉。

环非环，玦非玦，中有迷离玉兔儿。

一似佳人裙上月，月圆还缺缺还圆，此月一缺圆何年？

这是在写产于四川涪州的月兔茶。

环状的团茶，烹煮时由环变成玦就缺了，这与月的阴晴圆缺相同又不同，月团缺了还会圆，团茶缺了就再也圆不了。寥寥数语，爱茶人的惜茶之心让人怦然心动。

古人认为喝茶能治病，苏轼对此也是认同的。熙宁六年（公元1073年），在杭州任通判时，有一次他身体非常不适，一口气喝了七杯浓茶，不觉病已痊愈，便在禅师粉壁上题了七绝一首，将茶的药用价值写入了诗中，其诗曰：

示病维摩元不病，在家灵运已忘家。

何须魏帝一丸药，且尽卢仝七碗茶。

与茶相伴，其乐无穷。苏轼一生作茶诗近百首，这些因茶而生的文字，留给后人多少有关茶的清香和美丽，又留给世间多少有关茶的情怀和流连？

## 茶故事：清香四溢永流传

宋神宗元丰七年（1084 年），苏东坡刚移居常州宜兴（秦置阳羡县），途中见一山坡满是葱葱郁然的茶树，唐朝时"阳羡贡茶"即产于此处。苏东坡见之大喜，采摘一大包鲜叶，回去之后，经过一番精心的煎、揉、焙、凉、晒等工序，将鲜叶制作成上品之茶，他请来自己的学生邵民瞻一同品尝。

邵民瞻细啜慢品之间，顿觉味美甘甜，茗香直透脾胃，连呼"好茶！好茶！大有先生所言'何须魏帝一丸药，且尽卢仝七碗茶'之妙意也！"邵民瞻再端起茶碗仔细观察汤色，只见茶汤不仅色鲜如新，且茶叶不沉不浮，竖立于汤中，叶也不散，其形状如节节翠竹。邵民瞻大悟，惊喜道："先生所制之茶，形、色、味皆远胜于唐时'阳羡贡茶'。可取名为'东坡翠竹'，以享后人，岂不是一件功德之事啊！"

素有"色绿、香郁、味醇、形美"四绝之美誉的"东坡翠竹"因此流传开来，成为当地一方名茶。

苏轼在做翰林学士时，曾得到太皇太后赏赐的名茶"密云龙"，这茶为福建特产，仅供皇帝和皇太后专用。他将这种名茶珍藏起来，唯有最得意的门生来到家中，才舍得拿出来让门生亲眼看他拆封，一同共享，说喝了这茶之后顿觉两腋生风浑身凉爽，仿佛进入仙境。苏轼曾作词《行香子》专咏此事：

绮席才终，欢意犹浓。

酒阑时，高兴无穷。

共夸君赐，初拆臣封。

看分香饼，黄金缕，密云龙。

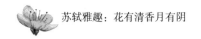

斗赢一水，功敌千钟。

觉凉生，两腋清风。

暂留红袖，少却纱笼。

放笙歌散，庭馆静，略从容。

关于这一点，晁补之的侄子晁公武《郡斋读书志》卷十九曾有记载："……时黄、秦、晁、张皆子瞻门下士，号'四学士'，子瞻待之厚，每来必命侍妾朝云取'密云龙'，家人以此知之。一日，又命取'密云龙'，家人谓是'四学士'，窥之，乃明略来谢也。"

廖明略初次登门，便享有黄庭坚、秦观、张耒、晁补之这"苏门四学士"的待遇，连苏轼的家人都感到吃惊。依照"佳茗似佳人"的理论，茶为极品，人亦极品，茶艺更是极品，这样方能穷尽其中妙趣。由此可见，朝云茶艺之精。除了"四学士"和廖明略，米芾也是苏轼的座上常客。元祐四年（1089年），苏轼出任杭州太守，途经扬州时，曾召米芾

16

前来相见。苏轼再次拿出"密云龙"，与他共享。米芾为此曾写下《满庭芳·咏茶》：

　　雅燕飞觞，清谈挥麈，使君高会群贤。

　　密云双凤，初破缕金团。

　　外炉烟自动，开瓶试，一品香泉。

　　轻涛起，香生玉乳，雪溅紫瓯圆。

　　娇鬟，宜美盼，双擎翠袖，稳步红莲。

　　座中客翻愁，酒醒歌阑。

　　点上纱笼画烛，花骢弄，月影当轩。

　　频相顾，余欢未尽，欲去且留连。

　　苏轼在黄州时，他的朋友参寥从吴中来访，二人一起品茗畅聊。别后，苏轼梦见参寥作了一首好诗，醒来后还记得其中两句："寒食清明都过了，石泉槐火一时新。"七年之后，苏轼到钱塘去任职，参寥正好住在西湖智果寺，寺院内有一泓泉水，异常甘冷，适合烹茶。寒食过后，苏轼与朋友去见

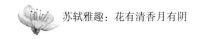

苏轼雅趣：花有清香月有阴

参寥。在智果寺内，大家一起汲泉水烹黄檗茶。饮茶时，苏轼猛然想起上次梦见参寥的事，他就朗声吟诗给大家听。七年前梦中的诗，竟然在今天应验，在座的朋友无不称奇。

苏轼是品茗行家，他对于茶叶、水质、器具、煎法，都有自己独特的方法，十分讲究，也颇精妙，有"三绝"之说，即茶美、水美、壶美。俗语"水为茶之母，壶是茶之父"。苏轼在宜兴时，还亲自设计了一种提梁式紫砂壶，烹茶审味，怡然自得。壶上题有"松风竹炉，提壶相呼"的诗句，恰是他用此壶烹茗独饮时的生动写照。后人为纪念他，把此种壶式命名为"东坡壶"。

元符三年（1110年），苏轼谪居儋州，写有一首《汲江煎茶》：

活水还须活火烹，自临钓石取深清。

大瓢贮月归春瓮，小杓分江入夜瓶。

雪乳已翻煎处脚，松风忽作泻时声。

枯杨未易禁三碗，坐听荒城长短更。

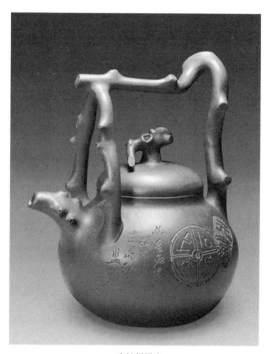

东坡提梁壶

为了煮好茶，苏轼不辞辛苦以老迈之躯到深清江水中取活水，等到茶水沸开，眼前乳浪飞旋，耳中所闻是松涛阵阵，再饮上三大碗，自是绝代文采泉涌而至，以致久久不得入眠。能把烹茶的过程描述得如此精妙生动贴切，至今尚无第二人，烹茶品茶的美妙已深融于苏轼的骨髓，成为他的情感和生命。

养生，明志，怡情。一生以茶为伴，苏轼尽情享受着当下的生活，无论得意还是失意，他都能随心随性，进退自如。

茶性即人性，茶道即妙道。苏轼懂茶，茶也懂他，他们仿佛一对知己，留给世间太多有关茶的故事和怀想。

世间再无苏东坡，唯有茶香满人间。苏轼有关茶的诗句多是千古绝唱，而爱茶成痴的苏轼，在中国茶文化的发展史上也作出了自己卓越的贡献。

第二卷

是非忧乐两都忘：苏轼与酒

诗酒从来不分家，自古以来，酒似乎和中国文人们有着千丝万缕的联系。他们或以酒怡情，或借酒消愁，在酒的熏陶和陪伴下，他们或慷慨激昂，或物我两忘。

"明月几时有，把酒问青天"，文坛盛名如日中天的苏轼，当然也和酒结下了不解之缘。他爱酒、饮酒、造酒、赞酒，在他的诗词歌赋和散文中，都仿佛飘散着美酒的芳香。

在苏轼的生命和生活里，酒扮演了重要角色，在他的笔下，酒之趣和酒之韵都达到了一个新高度、一种新意境。

## "使我有名全是酒"

　　钟鼓馔玉不足贵，但愿长醉不复醒。

　　古来圣贤皆寂寞，惟有饮者留其名。

　　这是一代诗酒大家李白《将进酒》中的文字，对于古代文人而言，诗酒从来不分家，那些千古传诵的名篇，大都是"饮者"酒后之作。诗酒一家的古老传统，热爱生活的东坡先生也没有例外，他在《次韵王定国得晋卿酒相留夜饮》中就如是写道：

　　短衫厌手气横秋，更著仙人紫绮裘。

　　使我有名全是酒，从他作病且忘忧。

　　诗无定律君应将，醉有真乡我可侯。

　　且倒余樽尽今夕，睡蛇已死不须钩。

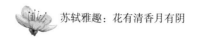

"使我有名全是酒"，纵观苏轼的一生，这一句颇有些自嘲的诗，来得可谓名副其实。在苏轼现存的三百余首词作中，"酒"字就出现了近百次，在其现存的四千多篇诗文中，含了"酒"字的，就接近二千篇，每篇诗文中，苏轼都赋予"酒"以独特的气质和隽永的韵味。

对于苏轼而言，"酒"名和"文"名可谓不分伯仲，同样惹人注目。苏轼应该是中国文人中写酒写得最多的，他以酒为媒留下的那些逍遥与潇洒，历经千年的流传和积淀，愈益散发出文字的魅力和美酒的醇香。

对苏轼而言，诗是酒魂，酒为诗韵，二者相得益彰，把他曲折坎坷的人生打扮得如此妙趣横生，灵动迷人。苏轼一生好饮，读其诗文，有关酒的文字比比皆是：

大江东去，浪淘尽，千古风流人物。

这是贬官黄州，苏轼酒后喊出的"千古绝唱"。

明月几时有，把酒问青天。不知天上宫阙，今夕是何年？

这是身处密州，政治上不得意的他对天发出的探问。

今夜巫山真个好，花未落，酒新篘。美人微笑转星眸。

这是在扬州的苏轼，暂且忘却了当下的苦闷，在美酒和美景之中陶情风月时的浪漫和得意。

料峭春风吹酒醒，微冷，山头斜照却相迎。

这是在徐州任上为当地百姓求雨成功，满心喜悦的苏太守醉归时得意抒怀之作。

"乌台诗案"后，苏轼一路向南，一贬再贬，没有最远，只有更远，没有最苦，只有更苦。如此人生境遇之下，苏

 苏轼雅趣：花有清香月有阴

轼却依旧快乐，也依旧洒脱，"身后名轻，但觉一杯之重"。虽然有时不免有些自怜，"尊前一笑休辞却，天涯同是伤沦落"，更多的时候却也依旧坦然，正如他在《薄薄酒》中所咏：

生前富贵，死后文章，百年瞬息万世忙。
夷齐盗跖俱亡羊，不如眼前一醉，是非忧乐两都忘。

苏轼爱酒，但他并没有沉溺于酒，在他的诗文中，也极少有借酒浇愁的句子，他在饮酒赋诗时写下的多是对生活的赞美和祝福。如下面这曲《虞美人》所咏：

持杯遥劝天边月，愿月圆无缺。
持杯复更劝花枝，且愿花枝长在，莫离披。

持杯月下花前醉，休问荣枯事。
此欢能有几人知，对酒逢花不饮，待何时？

是的，"此欢能有几人知？"人生就是这样，你对它笑，它就对你笑；你对它哭，它也对你哭。苏轼的一生，顺境远远不如逆境多，如鱼饮水，冷暖自知。很多时候，正是在酒的依托和陪伴之中，苏轼战胜了命运的苦难，也战胜了自己，留下了一篇篇人见人爱的美丽文字，也留给了世人一个旷达有趣的"苏东坡"。

　　读其诗文，每闻酒香扑鼻，然而苏轼实在不是极善饮酒的人，他自己就说过，下棋、饮酒、唱曲三事不如人。不善饮酒而又喜欢与人饮得尽情尽兴，所以他的诗文里就每每出现一个"醉"字，因醉得传神，性情中的苏轼便醺醺然独步千古了。

　　旷然酣饮，陶然而醉，一醒一醉之间，苏轼物我两忘，思绪最为飘逸灵动，风流华章尽出。他曾说："吾酒后乘兴作数十字，觉酒气拂拂从十指出也。"

　　苏轼爱酒爱到"痴"的境界，他饮过的酒，品名繁多，仅在诗文中有记载的就有竹叶酒、黄柑酒、黄蜂酒、屠苏

苏轼画像（赵孟頫绘）

酒、冰堂酒、茅柴酒、羔儿酒等十七八种。苏轼"酒"名不仅在于他对于饮酒的爱好，还在于他入乡随俗，随时随地观摩学习，甚至别出心裁，自酿美酒。苏轼自酿美酒的雅兴，一直伴随了他辗转漂泊的一生。

在定州，他用松脂酿出了"松醪酒"。在惠州，他向邻居黄行坡学习，自酿了"真一酒"，他还为当地酒取过很多名字：家酿酒叫"万户春"，糯米酒叫"罗浮春"，龙眼酒叫"桂酒"（龙眼又名桂圆，故也），荔枝酒叫"紫罗衣酒"（荔枝壳为紫红色）。他搜集民间的酒方，埋在罗浮山一座桥下，说将来有缘者，喝了此酒能够升仙。他赞惠州酒好，写信给家乡四川眉山的陆续忠道士，邀他到惠州同饮同乐，说往返跋涉千里也是值得的。说饮了此地的酒，不但补血健体，还能飘飘欲仙，陆道士果真到惠州找他。酒的力量之大，酒的浓香之烈，由此可见。

有趣的是，苏轼酿酒还要认真作记录，写总结。他酿了蜜酒写了《蜜酒歌》一诗，并在《东坡志林》中记录过酿造方法，桂酒也有《桂酒颂》。《东坡酒经》仅数百余言，却包

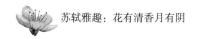

含了制曲、用料、用曲、投料、原料出酒率、酿造时间等内容，兴致之高，可圈可点。

当然，苏轼造酒也有失手的时候，在黄州就有人喝了他酿的蜜酒坏了肚子，抢着往厕所跑。后来到了惠州，苏轼造酒的热情依然高涨，有一次酿了桂酒并让两个儿子品尝，却辛辣得难以入口，苏迈、苏过逃不掉，只好浅尝辄止。对此两则酿酒败绩，宋朝词人叶梦得编的《避暑录话》记载道：

苏子瞻在黄州作蜜酒，饮者辄暴下。其后在惠州作桂酒，尝问其二子迈、过，亦一试而止。

他不但与文人学士同饮，也与村野父老及各色人等共杯，"杖履所及，鸡犬皆相识""人无贤愚，皆得其欢心"。在他眼里，"酒"的面前，人人平等，无分贵贱，欢乐之状溢于言表。

他住处近傍，有个卖酒的"林婆"，他们关系很好，苏轼常去赊酒，"年丰米贱，林婆之酒可赊"。他下乡时，一位

83 岁的老翁拦住他，求与同饮，苏轼欣然而往。

苏轼喜饮两杯，人所皆知，做杭州太守时，人慕其名，下属官员、社会名流排队等着做东宴请他，使他有"酒肉地狱"之叹。遭了贬，情况便有不同。

苏轼被贬黄州，有一段时间，生活极度困苦，连酒都喝不起了，闻着远处飘来的酒香，十分难受。于是写了一首诗聊以自嘲，"清诗独吟还自和，白酒已尽谁能借"。壬戌十月再游赤壁时，有客而无酒，好在他的夫人有备，"我有斗酒，藏之久矣，以待子不时之需"，这才解决了大问题。

在贬谪海南途中，苏轼病痔交加，决心戒酒了，"从今东坡室，不立杜康祀"。但是到了海南后，还是照饮不误，不是他携酒去访当地父老，便是老百姓设酒杀鸡款待他，不醉不休，"小儿误喜朱颜在，一笑那知是酒红"。遇赦北还之日，父老携酒相送，执手涕泣而别。

爱酒成痴，因酒而名，无酒不欢，活出自我，这就是苏轼！

人生多难，偏要活得好看。林语堂先生在其所著《苏东

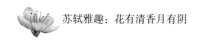

坡传》中赞曰：苏东坡是一个无可救药的乐天派，一个造酒试验家，一个酒仙。

此言非虚。

## "何时忘却营营"

考察两千余年的中国古代史，历代士大夫们孜孜以求的人生路径大约分为两种：其一，儒学思想影响下的建功立业的理想追求，所谓"学而优则仕"；其二，人生理想受到挫折后的田园归隐，所谓"达者兼济天下，穷则独善其身"。但无论入世，还是出世，每一个有家国情怀的古代文人，都一定在美好理想和残酷现实的映照里纠结过、彷徨过、挣扎过，究竟自己的人生能否成功突围，归根到底还是要看每一个当事者自己的造化和救赎。

生年早于苏轼的范仲淹当年喊出了一句名言："居庙堂之高，则忧其民；处江湖之远，则忧其君。"这一句流传久远的文字，可谓是对中国古代士大夫精神世界的完美概括，这样的一种文化心理寄托，满怀豪情也满身才华的苏轼当然也没有例外。然而，进退之际，忧乐之间，如何打理好自己当下的人生，当理想遭遇现实，命运屡遭厄运，又将如何安顿自己的灵魂？

苏轼后半生的波折毋庸赘言，面对如此逼仄不堪的人生，除了愤懑不满，除了惆怅无奈，还能有什么更好的选择吗？

有！那就是诗与酒。

诗言志，酒怡情，无论命运如何波折困顿，只要诗酒相伴，苏轼依然让自己的生活活色生香，把自己的人生活成了一道迷人的风景。

"何以解忧？唯有杜康。"苏轼虽然少年时代不喜欢饮酒，但人到中年之后，也成为了酒的热烈追随者。

苏轼因"乌台诗案"被贬黄州后，内心极度苦闷，但他并没有沉浸在痛苦中，而是以一种旷达乐观的态度面对人生。他在居处旁开垦了一片荒地，名之曰"东坡"，并自号"东坡居士"，还在此地筑墙造屋，名取"雪堂"。就是在这

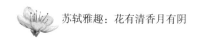

里，他调整身心，努力耕耘自己的人生。那一首著名的《临江仙·夜归临皋》词，即作于其间。

夜饮东坡醒复醉，归来仿佛三更。

家童鼻息已雷鸣。

敲门都不应，倚杖听江声。


长恨此身非我有，何时忘却营营。

夜阑风静縠纹平。

小舟从此逝，江海寄余生。


一个深秋之夜，苏轼在东坡雪堂开怀畅饮，醉后返归，时至三更，他叫不应门，于是站在江边，听惊涛拍岸，思考人生。

此时此刻，他在想些什么呢？

"长恨此身非我有，何时忘却营营。"我长恨自己身处宦海，这躯体已不是我自己所有。究竟到什么时候，才能忘却追逐功名，不为外物所羁绊，过上任性逍遥的生活呢？

　　这两句是苏轼对沉浮荣辱人生的冷静思索，他感叹自己的命运无法掌控，便发出了对人生怀疑厌倦的喟叹，表达出一种无法解脱而又要求解脱的困惑与感伤。

　　感伤之后，苏轼把自己架空，继而飞升到了另一种境界。既然"此身非我有"，不如驾一叶扁舟，远离尘世喧嚣，在江湖深处安闲地度过自己的余生，将自己的有限生命融化在无限的大自然之中。

　　全词风格清旷而飘逸，词人静夜沉思，豁然有悟。心与景会，神与物游，苏轼为如此静谧美好的大自然深深陶醉了。这时，夜已阑珊，江面也没了波澜，正如词人此时宁静超然心境。

　　所谓"小舟从此逝，江海寄余生"，实际只是词人希望获得精神解脱的一种渴望和遐想，并不是说他希望归隐山林，不问世事。对于苏轼这样进退自如的人来说，"处江湖之远"与"居庙堂之高"其实并没有区别，他最后的归宿只能是自己的内心世界。

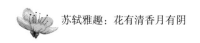
苏轼雅趣：花有清香月有阴

据说，这首词在当时很快流传开来，人们便以为苏轼"挈舟长啸去矣"，郡守徐君猷听闻后大惊，以为自己所看管的"罪人"逃走了，于是急忙赶到苏轼家里，却发现他正"鼻鼾如雷"大睡呢！

从这首经典的诗词当中，我们可以看到一个命途多舛的士人痛苦而欢乐的吟唱。他有着崇高的理想，也有着无数人不曾经历的人生的悲哀。苏轼政治上受到沉重打击之后，思想几度变化，由入世转向出世，追求一种精神自由、合乎自然的人生理想。他最可贵的地方就在于不但为自己创造了一个精神家园，也因此为后人开辟了一个全新的世界。

苏轼仿佛是永远都不会被打倒的"苏坚强"，穷困潦倒之中，他没有被痛苦压倒。布衣芒履之下，山野阡陌之上，诗酒陶然之中，他在不断体验着人生的五味杂陈，也升华了灵魂的高度和深度。

和《临江仙·夜归临皋》有着异曲同工之妙的，还有下面这首《行香子·述怀》。

清夜无尘，月色如银。

酒斟时，须满十分。

浮名浮利，虚苦劳神。

叹隙中驹，石中火，梦中身。


虽抱文章，开口谁亲。

且陶陶，乐尽天真。

几时归去，作个闲人。

对一张琴，一壶酒，一溪云。


夜气清新，尘滓皆无，月光皎洁如银。值此良辰美景，把酒对月，须尽情享受。名利都如浮云变幻无常，徒然劳神费力。人的一生只不过像快马驰过缝隙，像击石迸出一闪即灭的火花，像在梦境中短暂的经历一样短暂。

虽有满腹才学，却不被重用，无所施展。姑且借现实中的欢乐，忘掉人生的种种烦恼。何时能归隐田园，不为国事操劳，有琴可弹，有酒可饮，赏玩山水，就足够了。

 苏轼雅趣：花有清香月有阴

此词的写作时间不可确考，从其所表现的强烈退隐愿望来看，应是苏轼在宋哲宗元祐时期（1086—1093 年）的作品。当时宋哲宗年幼，高太后主持朝政，罢行新法，起用旧派，苏轼受到特殊恩遇。元祐元年苏轼被召还朝，任翰林学士、知制诰的重位。但是政敌朱光庭、黄庆基等人多次以类似"乌台诗案"之事欲再度诬陷苏轼，因高太后的保护，他虽未受害，但却使他对官场生活无比厌倦，感到"心形俱悴"，产生退隐思想。

《庄子·知北游》云："人生天地之间，若白驹之过隙，忽然而已。"与其浪费生命去追求名利浮云，不如放下一切做个闲人，对一张琴，倒一壶酒，听溪水潺潺，看白云飘飘，享受当下的美好自在。

如果说《临江仙》和《行香子》还有"乌台诗案"的心理阴影，苏轼晚年写于海南的这首《被酒独行遍至子云威徽先觉四黎之舍》就显得格外洒脱和达观了。

半醒半醉问诸黎，竹刺藤梢步步迷。

但寻牛矢觅归路，家在牛栏西复西。

## 醉翁之意不在酒

苏轼酒量其实不大，但非常喜欢饮酒，更喜欢客人举杯饮酒。他在晚年所写的《书东皋子传后》中有一段自叙：

余饮酒终日，不过五合，天下之不能饮，无在余下者，然喜人饮酒，见客举杯徐引，则余胸中为之浩浩焉，落落焉，酣适之味，乃过于客，闲居未尝一日无客，客至未尝不置酒，天下之好饮，亦无在余上者。

苏轼"少饮辄醉"，但又"不可一日无此君"，甚至"一旦无酒则病"。少年时，他就"惟余竹叶在，留此千古情"（《竹叶酒》）；后来为官杭州，他"饮湖上"；在密州，他"欢饮达旦"；被贬黄州，他"一樽还酹江月"；因子病故而告休假扬州时，更是连写二十首《和陶饮酒》。直到遇赦北

返，在常州临终前，还写下《跋桂酒颂》以赠好友。东坡一生一直都与诗酒相伴，不论是志得意满之时，还是穷困潦倒之际，都"俯仰各有态，得酒诗自成"（《和陶饮酒》）。

对酒，苏轼有个绝妙的比喻："应呼钓诗钩，亦号扫愁帚。"（《洞庭春色》）在那些"人生到处萍漂泊"的岁月里，酒就像"扫愁帚"，一点一点地扫去他心里的灰尘阴影，还他一片"也无风雨也无晴"的心灵净土。

在苏轼看来，饮酒之乐，酒酣之妙，非在佳酿之口感，而在于"方是时，其豪气逸韵，岂知天地之大秋毫之小耶？"意思是，畅饮之后，可以忘怀忧烦，心大如宇宙，可以包容整个世界。

"醉翁之意不在酒"，更多的时候，苏轼喝酒懂得适可而止，相比于李白的豪饮，他更善于玩味酒的意趣，因为他酒量极小，往往一杯酒下肚，就已经是酒意浓浓，醉眼蒙眬了。

古人喜欢"以文会友"，文会上更少不了酒宴，聚会必有酒。但苏轼酒量太小了，难以应付，便公开向同僚朋友宣布自己因"少年多病"，所以养成"怯杯觞"的习惯，从来都是"饮酒不尽器"。虽然他"老来方知此味长"，但也是始终坚持不肯多饮的，只求半酣，不求一醉，即使"三年黄州城"，也不过"饮酒但饮湿"。

抛开政治业绩和诗词书画上的艺术成就，苏轼的灵动还在于饮酒、酿酒过程中表现出的豁然、潇洒的人生态度，以及其独特的人格魅力。

"吾上可陪玉皇大帝，下可陪卑田院乞儿，眼前见天下无一不好人。"苏轼对生活充满了爱和眷恋，笑纳一切。即使一再被贬官，苏轼仍然有着豁达的心态和旷达的胸怀，在坎坷中品出了美味，把他人所以为的苟且，活成了自己的诗和远方。

苏轼爱酒，却又不像李白、陶渊明那样独酌，而是爱与友人、亲人或他人共饮。苏轼为人随和，交游广泛，门生故旧遍天下。与其共饮之人，既有公卿贵胄、文士墨客，也有市井小民、乡村野老。苏轼对他们都是真诚以待，把酒言欢。

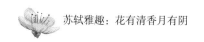

苏轼最留意、感悟也最多最深的，是平常生活中的亲人相逢、友朋聚会、与人共饮，以及从中流露出的真性情、美滋味，如"东邻酒初熟，西舍豕亦肥。且为一日欢，慰此穷年悲"（《寄子由·别岁》）；又如"与君几合散，得酒忘淳漓。君谈似落屑，我饮如弈棋"（《次韵钱穆父会饮》）；再如"使君置酒罢，箫鼓转松陵。狂生来索酒，一举辄数升"（《上元夜》）。

虽然都是些日常小事，却能使苏轼觉得中有真趣，于是信笔写下，或慷慨或悲凉，或豪放或深幽，让历代读者品读玩味不尽。如果离开了"酒"，苏轼笔下的诗文，也许就没有了我们熟知的深挚、醇厚、浓郁的真情与意趣。

"达人自达酒何功，世间是非忧乐本来空。"若论人生多艰，苏轼怕是最有资格，但他注定不是伤春悲秋的性格，即使在多次贬谪壮志难酬之下，依然葆有一个有趣的灵魂。我们或许可以说，假如苏轼没有那些人生磨难和命运挫折，就不会有中国文化史上的"苏东坡"。

林语堂曾说：一提到苏东坡，中国人总是亲切而温暖地

苏轼画像（明末陈洪绶绘）

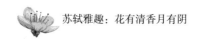
苏轼雅趣：花有清香月有阴

会心一笑。我们喜爱的，不就是这个即使世界以痛吻我，我亦回报以歌，热爱生活，活泼可爱的苏东坡吗？

酒勿嫌浊，人当取醇。失忧心于昨梦，信妙理之疑神。浑盎盎以无声，始从味入。杳冥冥其似道，径得天真。

……

这是苏轼写酒名篇《浊醪有妙理赋》里的文字。苏轼谪居惠州，发现每家各有佳酿，于是他开始品酒、酿酒，写下了至少五六篇酒赋，《浊醪有妙理赋》便是其一。这篇赋还有一个副题——神圣功用无捷于酒，全赋围绕酒，引用了大量与酒有关的典故，表达了作者的陶然微醉，令人神往。

"岂知入骨爱诗酒"，苏轼的一生可谓诗酒人生。

第
三
卷

试听徽外三两弦：苏轼与琴

苏轼堪称北宋时期一位全能的艺术家，诗文书画，无所不能，无所不精。博学多才的他还精于音乐，是我国古代音乐史上一位极其重要的音乐家。

　　古琴在苏轼的文化修养和诗歌创作方面占有非常重要的位置。他一生给我们留下了许多精湛的咏写琴曲、琴人、琴谱等方面的诗。在长期的艺术实践中，苏轼积累了丰富的音乐美学思想，对后世有着特殊的意义和深远的影响。

## 家传：琴声悠悠觅知音

苏轼的一生，盛名之下，厄运和挫折却总是如影随形，豁达豪放的背后，是常人难以排遣的苦闷和寂寥。在他起起落落的风雨人生里，无论顺境还是逆境，古琴艺术都扮演了重要角色。

古琴，是中国最为古老的传统乐器之一。古琴可考的历史可以追溯到上古伏羲时代，甫一问世，便远远地超越了音乐上的意义。清雅、淳美的琴声，寄托着历代先贤圣哲出尘不染、遗世独立的精神向往，自汉魏以来，古琴就被认作是一种"以琴载道"的道器。千百年来，中国文人多爱与琴相伴，"琴棋书画"四艺，琴列其首。

古琴艺术追求意境美、人格美，不停留于形式的华丽，不满足于感觉的愉悦，"味外之旨、韵外之致、弦外之音"是琴乐深远意境的精髓所在。要达到这样的意境，则要

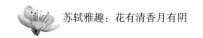

求弹琴者必须将外在环境与平和闲适的内在心境合而为一，才能达到琴曲中追求的心物相合、人琴合一的艺术境界。

苏轼，这位历史上有着大情趣、大境界的杰出文人，虽然一生仕途坎坷，政治上屡遭挫折，却放达旷逸，性情率真，自寻心灵的快乐与安稳。苏轼乐观旷达的人生态度与琴性非常地接近，古琴音乐传神、移性、潜心静虑的抽象作用及琴声本身便具备的出世感，自然地成为苏轼抒发淡泊、超逸，不与世俗同流合污的情怀的最好方式。

古琴是我国存世最为古老的拨弦乐器，有近三千年历史，自古为文人墨客所青睐。古琴艺术备受儒家推崇，为历代士大夫阶层所重视，被其看作是雅、正音乐的代表和礼乐观的象征。嵇康在《琴赋》中推崇古琴说"众器之中，琴德最优"。而苏轼也认同古琴是钟鼓残缺后，"有如老仙不死阅兴亡"一般流传下来的古乐正器。

"君子所常御者，琴最亲密，不离于身。"苏轼与古琴的不解之缘，首先要得益于其深厚的家传渊源。

在《历代琴人传》引明人张右衮《琴经·大雅嗣音》

里，我们可以看到这样的记载：

> 古人多以琴世其家，最著者——眉山三苏（苏洵、苏轼、苏辙），斯皆清风颉颃，不坠家声于峄阳（琴）者也。

这是说苏氏家中常有琴声，并藏有采用好桐木斫制的琴。眉州三苏不仅以诗文传世，还以善琴名留琴史，苏洵、苏轼、苏辙皆为弹琴能手，苏轼的父亲苏洵信奉儒家的哲学，酷爱经籍和古琴艺术，是当时一位较有影响的音乐爱好者和音乐鉴赏家。苏轼在《乐城集》中是这样记叙父亲琴艺的："大人常弹琴，比借人雷琴，已记旧曲，十得三四，率尔拜呈。"这是说父亲经常弹琴，并蓄有雷琴，还收藏有不少琴谱。

苏洵号老泉，就是因为家中藏有一床名为"老泉"的古琴，苏轼、苏辙在琴声中长大，对音乐的浓厚兴趣也由此而产生。

由于从孩童时就受父亲演奏古琴的熏陶，苏轼一生对古

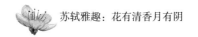
琴有着特殊的爱好。苏家藏有唐代名琴"雷琴"多张。据苏轼《杂书琴事》所载：

　　余家有琴，其面皆作蛇腹纹，其上池铭云"开元十年造，雅州灵关村"，其下池铭云"雷家记八日合"……此最琴之妙而雷琴独然。求其法不可得，乃破其所藏雷琴求之。琴声出于两池间，其背微隆，若薤叶，然声欲出而隘，徘徊不去，乃有余韵，此最不传之妙。

　　苏轼文中描写的雷琴，琴面的蛇腹纹实为琴漆的断纹，是古琴年代久远的标志，异常珍贵。为了研究古琴的发声原理及特点，他不惜把自己家中珍藏的唐代名贵"雷琴"拆开来观察、分析其奥妙。为此苏轼作诗赞曰：

　　我有凤鸣枝，背作蛇蚹纹。
　　月明委静照，心清得奇闻。

雷琴，四川雷氏家族造。隋文帝时，蜀王杨秀爱琴，因而蜀地制琴名匠辈出。至唐代，蜀地已是制琴的主要基地，而最为著名的就是雷氏家族，他们所制的琴被尊称为"雷琴"。香港收藏家何作如藏有古琴"九霄环佩"，刻有"汾阳世胄国景珍藏，东坡苏轼珍赏"字样，当代古琴大师李祥霆根据印方推测是苏轼藏琴。

故宫博物院也收藏有一床"九霄环佩"雷琴，当代鉴琴家郑珉中亦认定"为盛唐雷氏琴之标准器"，琴面有小蛇腹断纹，间杂牛毛断纹，龙池上方刻篆书"九霄环佩"琴名。除了原刻铭文，还有黄庭坚和苏轼题跋。琴足上方楷书："霭霭春风细，琅琅环佩音。垂帘新燕语，苍海老龙吟。苏轼记。"

在苏氏父子的诗文中，记述家传琴艺的诗很多。苏轼在其致弟子由（苏辙）的《次韵子由弹琴》诗中讲到苏辙琴艺高超，琴韵留下的古意不因久不操琴而遗忘："琴上遗声久不弹，琴中古意本长存。"在《次韵王郎子立风雨有感》诗中，有"不烦计荣辱，此丧彼有获。我琴终不败，无攫亦无

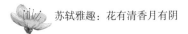
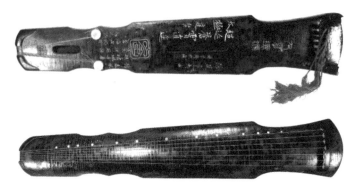

雷琴"九霄环佩"（唐·伏羲式）

释"句，在诗里反映了苏轼的荣辱观，同时也反映了他的操琴生活。

在其著名的琴诗《舟中听大人弹琴》里，苏轼如是写道：

弹琴江浦夜漏永，敛衽窃听独激昂。

风松瀑布已清绝，更爱玉佩声琅珰。

自从郑卫乱雅乐，古器残缺世已忘。

千家寥落独琴在，有如老仙不死阅兴亡。

世人不容独反古，强以新曲求铿锵。

微音淡弄忽变转，数声浮脆如笙簧。

无情枯木今尚尔，何况古意堕渺茫。

江空月出人响绝，夜阑更请弹文王。

深夜的江畔响起了古琴声，苏轼正虔诚恭敬地整饬衣襟，静静地听着父亲弹琴。那古琴声时而如秋风入松林一样清朗，时而似悬崖上倾泻而下的瀑布一样冷绝，那像玉佩发

出的琅玢声更为动听。

这首《舟中听大人弹琴》，是在 1059 年，苏轼与父亲苏洵、弟弟苏辙一家水路出蜀夜泊戎州（今四川宜宾），在细心凝听父亲弹琴时触发感慨的即兴之作。一方面反映了苏洵琴艺的高超，另一方面也可看到家中琴艺对苏轼的影响。从诗文可以看出，苏轼在琴音中联想到了雅乐和古乐器的衰落，感慨古琴尚且如此，古人意趣风骨更是渺茫难寻，寂寥之下，又请父亲再奏一曲经典雅乐《文王操》。

"鼓此曲令人荡涤邪秽，消融渣滓。""其声古雅，世俗罕闻。"在古琴音乐流传千百年的历史中，《文王操》被人尊为高雅的作品，一首可以陶冶人们高尚情操、净化人们灵魂的琴曲。据《史记》和《韩诗外传》记载，孔子曾向春秋时期著名乐师师襄学琴，所学之曲正是这首《文王操》。

夜凉如水，琴声悠远，苏轼在迷人的琴声里陶醉了。

## 琴诗：一弦一柱思华年

"崎岖世味尝应遍。""我生飘荡去何求。"苏轼的人生经历可谓曲折坎坷，"身行万里半天下"之际，古琴伴随着他走过了人生的风风雨雨。钱穆先生曾说："苏东坡诗之伟大，因他一辈子没有在政治上得意过。他一生奔走潦倒，波澜曲折都在诗里见。"颠沛流离的仕途没有将诗人摧折，反使他写出了登高望远、逸怀浩气的诗文，这不得不提到古琴对他的深刻影响。

受家庭熏陶和文人风尚影响，苏轼一生以琴为伴，与弹琴作曲者为友，谈琴论乐，将他对世俗现实的态度和思想感情融于琴中。苏轼咏写古琴的诗作多达八十多首，从他的众多诗作中，可以看到苏轼和古琴的不解之缘。下面我们不妨通过苏学士的如花妙笔，用心聆听那些来自于千年之遥的天籁之音。

清风终日自开帘，凉月今宵肯挂檐。

琴里若能知贺若，诗中定合爱陶潜。

——《听武道士弹贺若》

"贺若"，古琴曲名，相传出于唐代琴师贺若夷。清风徐徐，明月婆娑，琴声悠然而至。一个人如果能喜欢"贺若"之曲，那么他也定然偏爱陶潜之诗。苏轼这是在以自己喜爱的琴曲自比，此生不求闻达于世，只求无愧吾心。

神闲意定，万籁收声天地静。

玉指冰弦，未动宫商意已传。

悲风流水，写出寥寥千古意。

归去无眠，一夜余音在耳边。

——《减字木兰花·琴》

这首写琴词并没有直接写琴的形状，而是通过描写一位弹琴人的神态、动作和其演奏乐曲的韵味来反映出古琴的高雅意趣。弹琴之人气定神闲，还未下指就已是气韵流淌。琴毕仍余音绕梁，令听琴者久久不能忘怀。整首词情景交融，简洁明快，琴词一体，全篇无华饰而令人欲仙，非苏轼不能为之。

　　至和无攫醳，至平无按抑。

　　不知微妙声，究竟何从出。

　　散我不平气，洗我不和心。

　　此心知有在，尚复此微吟。

——《听僧昭素琴》

　　琴者，情也，传情以达志，借情以言性。古琴强调中正平和，适宜修身养性，抚琴听琴能使我们去除烦恼，身心轻安。清代程允基《诚一堂琴谱》云："君子抚琴涵养中和之气，藉以修身理性，当以道言，非以艺言也。"这是说古琴之乐是"道"不是"艺"，且有太和之气，正如苏轼诗云："散我不平气，洗我不和心。"这正是琴道之中，赋予抚琴、

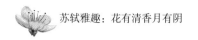

听琴的至高境界。当琴乐提到道的高度时，弹琴就不再只是技艺演奏，听琴也不只是欣赏音乐，而是在做学问、在提高修养了。

　　春服既成，从二三子游于泗之上，登桓山，入石室，使道士戴日祥鼓雷氏之琴，操《履霜》之遗音。

——《游桓山记》

　　苏轼家藏宝琴，他一生奔波，无论走到哪里，必携带雷琴，除了自己抚弦自娱外，也时常和挚交琴友弹奏切磋。道士琴家戴日祥曾与苏轼等人游览桓山，戴日祥鼓雷氏之琴，操《履霜》之遗音，为众人助兴，苏轼作《游桓山记》以记之。

　　北宋时期，许多颇赋名望的琴僧与苏轼相交甚笃。苏轼谪贬黄州时，访定惠院东尚氏之第的海棠，在海棠树下饮酒赋诗，酒酣微醉，著名琴家、玉涧道人崔闲弹雷氏琴，作《悲风晓月》。崔闲多才艺，妙工古琴，既是苏轼的忠实追随

苏轼《西湖月夜泛舟听琴》楷书（局部）

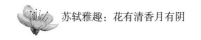

者，又是苏轼的挚交琴友。还有杭州僧人思聪，与苏轼交往也甚密，思聪嗜琴善诗，常与苏轼一起弹琴唱和。

苏轼喜欢弹琴，同时对于琴曲创作也很有兴趣，对传统的《瑶池燕》一曲曾做过多次加工，赵德麟《侯鲭录》记载苏轼说："琴曲有《瑶池燕》，其词不协，而声亦怨咽，变其词作闺怨。"苏轼曾经多次为琴歌填词，仅给琴曲《阳关曲》填的歌词就有三种。清人俞樾《湖楼笔谈》卷六中说："东坡集有《阳关曲》三首，一赠张继愿，一答李公择，一中秋月。"

熙宁九年（1076年）冬，苏轼得到移知河中府的命令，离密州南下。次年春，苏辙自京师往迎，兄弟同赴京师。抵陈桥驿，苏轼奉命改知徐州。四月，苏辙又随兄来徐州任所，住到中秋以后方才离去。七年来，兄弟第一次同赏月华，而不再是千里共婵娟。月色如水，琴声悠悠，苏轼写下了这首小词，题为《阳关曲·中秋月》：

暮云收尽溢清寒，银汉无声转玉盘。

此生此夜不长好，明月明年何处看。

　　苏轼还有一首为古琴曲填词的佳作，那就是为沈遵根据欧阳修《醉翁亭记》的意境创作的古琴曲《醉翁操》填的词，这是苏轼为纪念欧阳修而创作的一首著名琴歌。

　　当年欧阳修谪守滁州，作《醉翁亭记》刻石立碑。太常博士沈遵是个好奇之士，闻而往游，见琅琊山水奇丽秀绝，鸣泉飞瀑，声若环佩，竟流连忘返，以琴写其声，作琴曲《醉翁操》宫声三叠。

　　沈遵与欧阳修相遇，援琴鸣弦，欧阳修则歌以相和，并作《醉翁引》以叙其事，两位文人琴家留下一段佳话。沈遵的弟子崔闲妙于琴理，常常遗憾《醉翁操》有曲无词，就弹奏此曲，请苏轼补词，苏轼欣然命笔，《醉翁操》声词俱备，遂为琴中绝妙，人们争相弹唱。苏轼补词云：

　　琅然清圆，谁弹响？空山无言。惟有醉翁知其天。月明风露娟娟，人未眠，荷蒉过山前。曰有心也哉此贤。醉翁啸

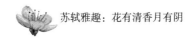

咏，声和流泉。醉翁去后，空有朝吟夜怨。山有时而童颠，水有时而回川，思翁无岁年。翁今为飞仙，此意在人间，试听徽外三两弦。

此时，欧阳修和沈遵都已故去，苏轼和崔闲以琴曲《醉翁操》声词合璧，追怀其师欧、沈二公。沈遵之子，号本觉禅师，苏轼将《醉翁操》词书写赠予本觉禅师，并作《书〈醉翁操〉后》云：

二水同器，有不相入；二琴同手，有不相应。今沈君信手弹琴而与泉合，居士纵笔作词而与琴会，此必有真同者矣。

所谓"真同者"就是词、曲作者共同的艺术境界，诗歌与琴曲要相应相和，莫过两者的心通而道同。《醉翁操》全词节奏鲜明，韵脚鲜明，读来朗朗上口，其中画面感十足，于乐曲搭配更见绝妙，实为不可多得的佳作，无怪乎清代陈廷焯《词则·别调集》中评价本词"清绝、高绝，不许俗人问津"。

白居易有诗云："本性好丝桐，尘机闻即空。一声来耳里，万事离心中。"古琴是苏轼一生中不可或缺的精神支柱，甚至连睡觉做梦都会有古琴的角色，如在他《杂书琴事》中就有一篇《书仲殊琴梦》。以琴为伴，以琴为友，苏轼堪称古琴艺术的超级发烧友。躬耕于黄州期间，当时有一位彦正判官送来一张古琴，他非常兴奋，在回信中感谢不已，表示一定要像唐代名琴那样珍视，"当与响泉、韵馨并为当代之宝""谨当传示子孙，永以为好也"。情真意切，感人至深。一直到他去世的前一年，友人王进叔蓄藏一张年代很久的古琴，苏轼闻之，专作《书王进叔所蓄琴》。

"君子所常御者，琴最亲密，不离于身"。对时运不济、命运多舛的苏轼来说，无论得意失意，琴，都是他寄情咏志的良伴。颜之推说："士君子之处世，贵能有益于物耳，不徒高谈虚论，左琴右书，以费人君禄位也。"想来苏学士贬谪赴任途中，书童肩挑的担子中除了书，也许还有琴。

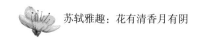
无论仕途顺利，还是遭贬失意，古琴艺术都伴随着苏轼走过了人生的风风雨雨。当苦难多艰的命运为他关上一道门的时候，坚韧达观的苏轼为自己打开了一扇窗，他的世界因而变得如此广大迷人而丰富多彩起来。

是的，除了困顿不堪的人生境遇和苦难的贬谪之路，苏轼早已经把自己的惊天才华化作了陶情怡性的利器，无论是世间口碑相传的诗文，还是寄情于琴棋书画的雅趣，都足以让苏轼的当下过得有声有色。

纵观苏轼的一生，我们完全有理由说，苏轼之后，再无来者。

锦瑟无端五十弦，一弦一柱思华年。

这是晚唐诗人李商隐的深情咏叹。是的，就在琴瑟的一弦一柱之上，就在那些荡人心扉的琴声之中，曾经寄托了诗人多少美好年华的思念和坎坷人生的思考？

## 琴论：人间那得几回闻

　　苏轼对琴乐有着极大兴趣，堪称古琴艺术的知音，他不仅是一位颇有影响的古琴大家，更是一个琴乐理论大家，对琴的理解达到极高的境界。他以诗写琴，以琴寄情，展示了儒家礼乐观的理念，这在当时的知识阶层中颇为流行。他们已经不把古琴仅仅当作一件乐器看待，而是将其和他们对世俗现实的态度相联系，把自己的思想感情融进了琴乐琴韵之中。

　　苏轼的许多诗词作品，表达了他对音乐的特殊审美感受和美学思想。其《听贤师琴》云：


　　大弦春温和且平，小弦廉折亮以清。

　　平生未识宫与角，但闻牛鸣盎中雉登木。

　　门前剥啄谁叩门？山僧未闲君勿嗔。

　　归家且觅千斛水，净洗从前筝笛耳。

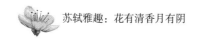

苏轼认为，琴当以平和为美，因为古琴音乐正是平和之声，足以和人意气，感发善心，故而要散不平气，洗不和心。这是以平和为审美标准，肯定琴声而否定筝笛，听了古琴音乐，归家且用千斛水，洗净从前筝笛声，因为"筝笛"是不平和的。

晋代陶渊明有一张没有弦的琴，常抚弄寄意，自寻乐趣，不同流俗。《晋书·陶潜传》载："性不解音，而蓄素琴一张，弦徽不具，每朋酒之会，则抚而和之，曰：'但识琴中趣，何劳弦上声！'"苏轼非常敬慕和尊崇陶渊明，因而在他的琴诗里常可读到他怀念陶渊明的句子，如《和陶贫士七首》中有"谁谓渊明贫，尚有一素琴。心闲手自适，寄此无穷音"。苏轼在此表达了一种无琴而琴音自在的感受，这是他对琴乐的高度感悟。

苏轼对那些抚琴无韵、粗俗寡音、炫弄技巧者的"快作数曲，拂历铿然"之琴风，曾提出过严厉的批评。他说，弹琴应把握意境和琴韵，仅凭借指头和琴弦，是弹不出美妙的琴音来的。同样，在《观宋复古画》和《破琴》二作中更是愤愤地说："新琴空高张，丝声不附木。宛然七弦筝，动与世好逐。"对一些不良琴风表示出很大的不满。

苏轼这一琴学理念，不仅反映了他对琴的悟性深刻而高超，而且可以视为琴艺最具典型意义的理论升华，为后来琴学的发展奠定了理论基础。

一张琴，一壶酒，一溪云。谪居黄州时，苏轼所作多为琴事：《杂书琴事》十则记载了古琴古今逸事和其琴学观点，《杂书琴曲》十二则记载了《子夜歌》《凤将雏》《前汉歌》《阿子歌》《团扇歌》等琴曲的渊源和传播，是珍贵的古琴史研究资料。

苏轼在黄州住了四年，虽然生活困顿，但是却使其在艺术方面达到了一个高峰。在黄州的日子里，他除了那篇"天下第三行书"的《寒食帖》外，还有一首《琴诗》让他名扬古今。

苏轼来黄州三年和友人纪枉道久别重逢，让侍者弹琴数曲，苏轼兴趣盎然，作了一首偈诗云：

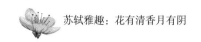
若言琴上有琴声，放在匣中何不鸣？

若言声在指头上，何不于君指上听？

对于此诗，有些人不以为然，觉得寡然索味。但是我们仔细赏析，却感觉哲理非常，处处透露禅机。

全诗用设问句，一问一答，如琴声悠扬，叮咚以和。单纯有琴，并不一定有韵律，如琴在匣中，不会有自鸣；只是有手指，没有琴，也不会有韵律悠扬；有琴，有指，还要有高超的演奏技艺和难得的演奏氛围，如同王羲之在《兰亭集序》中所描述的那样，曲水流觞，群贤毕至，惠风和畅，幸何如之。

苏轼这首诗最奇妙的地方在于，吟诵此诗，如赏琴曲，琴声虽已结束，其韵律却绕梁三日，余韵不绝。此偈诗论及音乐的哲理，表达了苏东坡琴学观点，即琴为心声，琴声不在琴，亦不在指，而在心。

苏轼在这首《琴诗》中，具体地表露了他在审美过程中主张主客观相统一的观点。在这里，苏轼把哲学上从具体到抽象、从局部到整体、从客观到主观的规律，通过诗歌有声有色地阐发出来，表达了深刻的哲理。这首诗并无意象，纯以奇趣哲理取胜，虽说意在言外，却又在情理之中，启人妙想，扣人心弦。苏轼的这一音乐美学思想，即使在今天也不失为一家之言。

古琴在苏轼的文化修养和诗歌创作方面占有非常重要的位置。他一生给我们留下了许多精湛的咏写琴曲、琴人、琴谱等方面的诗作。苏轼拓展了琴论，对后世产生了深远的影响，如元代的耶律楚材对苏轼的琴论就非常赞同和崇拜。耶律楚材极热心于苏轼的诗文，并把古琴视为自己的知心朋友，终生不离。

# 第四卷

一杯连坐两髯客：苏轼与棋

苏轼不仅文才卓绝，文章辞赋冠绝千载，而且他还深谙下棋之道，对于棋道颇有独到的妙悟。是非成败，转眼成空，更可贵的，是他面对输赢的超然。

　　人生如棋，输赢只在一念间。苏轼用自己的生花妙笔写下一首首棋诗，写出了下棋的真正乐趣以及棋中蕴含的动人韵味，意味深长。

## 人生如棋："胜固欣然，败亦可喜"

在古代中国，琴棋书画被称为"文人四友"，琴棋书画的水平，代表着一个人的雅趣和素养。作为一代大家，苏轼当然也没有例外，喜欢下棋的他，有多首诗词谈及围棋，如《春日与闲山居士小饮》：

一杯连坐两髯棋，数片深红入座飞。
十分澈泚君休赤，且看桃花好面皮。

这是苏轼写自己在与闲山居士饮酒下棋。春日闲闲，桃花烂漫，苏轼妙笔生花，寥寥数语，诗歌写得俏皮有趣，是围棋和美酒结合的文字。

如《和陶诗与殷晋安别》，写自己通宵看棋，乐此不倦的痴迷：

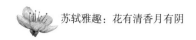

海国生棋士，客居我东邻。

卯酒屋虚日，夜棋有达晨。

如《司马君实独乐园》，写司马光贬居洛阳时，以棋酒自适：

樽酒乐余春，棋局消长夏。

洛阳古多士，风俗犹尔雅。

如《阮郎归·初夏》，写一位女子初夏午睡，却被棋子声惊醒：

绿槐高柳咽新蝉。薰风初入弦。

碧纱窗下水沉烟。棋声惊昼眠。

据说，千古才子苏东坡，文章诗词书画皆一时之绝，然而围棋却始终下不过寻常庸手，成为他生平一大憾事，尝自言平生有三不如人："谓着棋、吃酒、唱曲也。"苏轼棋艺不精，相比于与人下棋，他似乎更喜欢在一旁观棋，有时可以竟日不厌，并因此留下了一首传诵古今的《观棋》诗。

1097 年，时年 62 岁的苏轼被贬至极度荒凉之地——儋州。"从我来海南，幽绝无四邻"，那时的儋州荒无人烟，苏轼写下诗句时的孤寂，我们可想而知。而乐观豁达的苏轼，却总能够把那些阴郁难挨的日子打造得如此悠然灿烂，他甚至把这一处流放之地当成了自己的第二故乡，自言"我本儋耳氏，寄生西蜀州"。除了衙门里的政务，每日里不是躬耕垄亩，就是饮酒赋诗，抚琴下棋。

苏轼至儋后借官方沧江驿站居住，儋州地方官张中对其"事之甚至"，几乎天天来苏家串门，尤其好与苏过弈棋。次年四月的一天，张中又来与苏过下棋，苏轼在一旁看着，枰上落子声，让苏轼忽然想起十年前游庐山时闻听棋声的一件往事，于是颇为感慨地写下了围棋文化史上的千古名篇——《观棋》诗并序：

苏轼《观棋帖》

予素不解棋，尝独游庐山白鹤观，观中人皆阖户昼寝，独闻棋声于古松流水之间，意欣然喜之。自尔欲学，然终不解也。儿子过，乃粗能者，儋守张中日从之戏，予亦隅坐，竟日不以为厌也。

五老峰前，白鹤遗址。

长松荫庭，风日清美。

我时独游，不逢一士。

谁欤棋者，户外屦二。

不闻人声，但闻落子。

纹枰坐对，谁究此味。

空钩意钓，岂在鲂鲤。

小儿近道，剥啄信指。

胜固欣然，败亦可喜。

优哉游哉，聊复尔耳。

除了个别字外，诗不难解。"屦"者，鞋也；"屦二"者，鞋两双也。这里用了一个源自《礼记》的典故：户外有二屦，言闻则入，言不闻则不入。此作虽非苏轼的上上之作，但就意境而言，令人拍案叫绝。大意如下：

在庐山五老峰前，在传说的白鹤遗址所兴建的道观庭院中，那高大松树的树荫遮蔽了庭院，天气风和日丽，清爽怡人。当时的我独自一人在此游赏，连一个人都没遇到。

那是谁啊？谁在下棋？看到户外两双鞋子。没听到人声，却听到落棋子的声音。

这样成对地坐在棋盘前，究竟是谁深深懂得这棋中的兴味呢？像那姜太公钓鱼，空悬着钩，只在于钓鱼的意念，哪里在鲤鱼上呢？

儿子苏过或许懂得些棋道，在那里信手取棋落棋，正和对手下得不亦乐乎。

无论如何，下棋赢了固然高兴，输了也值得欣慰。只要把握好下棋的情致，也就懂得棋道的真谛了。

从诗引中可知，苏轼真正对棋产生兴趣，大约是从游庐

山开始的，是当年庐山的那种境界使他陶醉。现在苏轼贬居
儋地，最需要一种澹然的心境去对抗种种不幸遭遇的打击。
儿子下棋的情形重新勾起白鹤观那种空灵境界的回忆，正好
符合苏轼此时心境的需要，于是写下了这首幽雅的四言诗，
完全反映了苏轼独到的棋文化观，以及他那清幽淡雅的心
境。乾隆因此评曰："清幽静妙，真得味外之味。"

这首四言古诗可谓名篇，纵观全诗，作者以林壑幽美
的庐山为背景，勾画出一幅令人神往的深山行棋图。绿树荫
浓，清风徐来，空山不见人，但闻敲棋声，高山流水，静中
有动，静中有声，但从虚处落墨，闲中着色，道尽纹枰春
色。此情此景，岂足为外人道？然后悟出是非成败，转眼即
过，何不淡然处之，这样不也悠闲自得么？

苏过，时称"小坡"，是苏轼的三儿子，为苏轼第二任
妻子王闰之所生。苏轼被贬惠州、儋州时，都相伴在侧。张
中和苏过对弈，苏轼旁边观棋，各得其乐。苏轼下棋水平一
般，但颇为喜好。"素不解棋"或许是苏轼的自谦，不是真
的不会下棋，不然也不会一看一天也不厌倦了。

苏轼非常喜爱晚唐诗人司空图"棋声花院闭"一句诗，他自己也几次以"棋声"入诗。他说："司空表圣有'棋声花院闭'之句，吾尝独游五老峰，入白鹤观，松荫满地，不见一人，古松流水间，唯闻棋声，然后知此句之妙也。"棋声于幽静中烘托出诗情画意，完全符合苏轼所追求的优美意境。

白鹤观是庐山诸多美景中一道亮丽的风景，位于现在白鹤涧附近，从唐到清，各朝代的文人雅士纷纷探访白鹤观。白鹤观里殿舍楼阁幽静清雅，钟台回廊蜿蜒曲折，自有一份独特的气派。宋元丰七年（1088 年），苏轼带着儿子苏过游庐山，自然不会错过这里。当其时，苏轼见观内庭院深深，地上落满松针，清幽的古刹空无一人，只听见古松和流水悦耳的声响中夹杂着下棋的声音。

在这块安静祥和的土地上，棋艺不精的苏轼也禁不住跃跃欲试。"棋声花院静，幡影石坛高"，这么清幽的境界不下棋，定要辜负这份美好。幸好苏过略知棋道。于是苏轼让儿子和观中的道人对弈，自己则满心欢喜地在一旁观看，甚至干脆一个人坐在院子里静静地听松针落地，听棋子落在棋盘上清脆的声响。他完全陶醉在自己追求的意境里，仿佛在欣赏一支悦耳动听的曲子。他在观中度过了一整天，还觉得意犹未尽，俨然进入一个空旷幽静的天籁境界。

如果要用几个字来概括苏轼白鹤观听棋的最大感受，最绝妙的莫过于他离开白鹤观时题的词——"玉佩琳琅"最能表达那种心境。如今"玉佩琳琅"四个字仍留在白鹤观遗址附近的翠竹林，游人完全可以从这几个遒劲的大字中感受到一代文豪观中听棋声的恬然自得。

就像饮酒看山，醉翁之意不在酒，在乎山水之间也；就像钓鱼无饵，渔翁之意固不在鱼，在乎垂钓之乐也。苏轼不是下棋的高手，却堪称观棋的智者，深得弈者之趣，也深得对弈者之境也。

"九死南荒吾不恨，兹游奇绝冠平生。"对着食无肉、病无药、居无室的苦行僧生活，被贬谪得低到尘埃里的苏轼仍"超然自得，不改其度"，在当地安然自处，饮酒，赋诗，下棋，不亦乐乎。

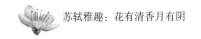

这首诗，表面写的是棋，实则谈的是人生态度。是非成败，转眼成空，更可贵的，是他面对输赢的超然。

无独有偶，清代的袁枚也写过一首观棋诗，与苏诗相映成趣：

拢袖观棋有所思，

分明楚汉两举持。

非常喜欢非常恼，

不看棋人总不知。

在士弈风气甚烈的北宋，范仲淹、欧阳修、韩琦、王安石、司马光等人无不热衷于棋道，尤其是黄庭坚。

黄庭坚，号山谷老人，应该是中国古代围棋下得最好的文人，他写有不少棋诗，体现了一个痴迷其中的围棋高手独特的体悟。"心游万里不知远，身与一山相对闲"，洗练蕴藉，亦形亦神，意象高远，为历代咏棋诗经典名句。"坐隐不知岩穴乐，手谈胜与俗人言"，以坐隐、手谈围棋典故

儋州东坡书院（始建于宋代）

入诗，见出潇洒儒雅、怡然自得的隐逸的人生境界。"心似蛛丝游碧落，身如蜩甲化枯枝"，以小衬大，见出弈人的殚精竭虑和围棋的无限玄机。山谷还著有《棋经诀》，对围棋的战略战术有深刻的论述，对弈棋的心理有言简意赅的分析，从文中内容看，不是身经百战、技艺高超者，很难写就出来。

就下棋而言，黄庭坚是高手，从史书所载弈事看，苏轼棋艺水平段位不高，所谓"东坡棋"，不过简单的模仿棋而已。数百年后，明朝宰相李东阳评价苏轼说："古之不善弈者曰苏子瞻，其言曰：胜固欣然，败亦可喜。用是知不工于弈者，乃得弈之乐为深。人之达于是者，可与言弈也。"依李东阳之说，东坡先生是得了围棋之三昧的。

黄庭坚弈境之高，在于棋内，苏轼弈境之高，在于棋外。黄庭坚看棋，是金戈铁马，云谲波诡；苏轼看棋，是花开花落，云卷云舒。黄庭坚以"忘忧"解忧，苏轼观棋、观人、观景、听声，无忧无虑，怡然自得。

苏轼爱棋，源于古松流水棋声的外在美学弈境，悠游于超尘脱俗的美景和至爱亲朋的暖意之中。苏轼因此悟到了随心自适、逸神忘机的围棋游戏真谛，由此妙想到人生哲思，提出了疏放旷达、超尘拔俗的围棋观。

"此心安处是吾乡。"对于接二连三的贬谪流放，苏轼不再颓丧苦恼，也不再抱怨命运多舛，无论身在何方，既来之，则安之，总是能够把自己的生活打理得如此活色生香，情趣盎然。

人生多难，偏要活得好看，与其说这是一种坚强，不如说这是一种人生姿态。人生如棋，输赢只在一念间，无论何人，只要你还愿意活在世间，与其任由命运的摆布折磨，莫不如把当下的生活安排得可心任意，优哉游哉？

## 棋故事：输赢只在一念间

若论学问文章诗词书法，苏轼都堪称北宋第一人，其围棋虽不是一流的，但是棋瘾应该是很大的，否则不会说出"胜固可喜，败亦欣然"的真正棋迷的至理名言。当然从这

句话中我们可以见到，他老先生输棋实在也是常事。然而东坡先生毕竟是个妙人，他不但留下了围棋界那句名言，还是第一个下"模仿棋"的人，并自豪地说，这叫作"东坡棋"。

苏轼的小儿子苏过是一个围棋高手，老子总是下不过儿子。一天，老子又和儿子下棋，灵机一动，第一手落在棋盘中央的天元上，然后每一手都跟着儿子下，总在儿子下的对称位置落子。这样连下几十手，弄得苏过心烦意乱，糊里糊涂就输给了水平明明不如自己的老子。局后苏过问父亲，这叫什么棋？苏轼大笑道，这叫"东坡棋"。与自己的儿子下棋也会耍赖，倒有几分可爱了。

宋元祐四年，苏轼被贬到杭州任知州。州衙里当差的全是前任留下来的旧吏，见苏轼是个降了职的官吏，便不把他放在眼里。他们有的敲诈勒索，有的收受贿赂，有的贪图小便宜，州衙里一时闹得乌烟瘴气。

苏轼本应该放三把火，烧烧这歪风邪气，可他上任多日，却视而不见，不管不问。那些当差的以为苏知州被贬，一是有情绪不想管，二是谨小慎微不敢管，一个个胆子越发大起来。

一天，苏轼端坐在大堂上，见管库银的库吏的帽带上，系着一枚铜钱，大摇大摆地从他面前走过，看来是下班回家，苏轼没有理会。第二天，库吏上衙点卯，苏轼多了个心眼，他仔细看了那库吏几眼，发现昨天系在帽带上的那枚铜钱没有了。以后，一连几天，天天如此，苏轼从不过问。

这天，库吏照例在帽带上系了一枚铜钱，仍然大摇大摆地从苏轼面前走过。苏轼突然叫住了他，很热情地邀他下棋，并招呼州衙全体差役留下看棋。

苏轼摆好棋局，对库吏说："今天下棋，不赌银两，赌头发！"库吏不解地问："赌头发！咋赌头发？""很简单，每输一颗棋子，就拔掉一根头发。"苏轼说着，取下头上的帽子，松开发髻，摆出了一副豪搏的架势。

库吏一看着了急，心里打起了小鼓儿。寻思这个新知州真怪，下棋赌啥不行，为啥偏偏要赌头发？听说苏轼是当代大才子，琴棋书画样样精通，自己下棋肯定不是他的对手，想想顶上的头发，他胆怯了。

库吏看苏知州一脸严肃，不像是闹着玩的，两条腿一软，扑通一声跪下了，哀求说："大人，赌啥我都愿意，千万别赌头发。"

苏轼勃然变色，将棋盘一掀，黑白棋子洒落满地，怒声喝道："本官今天有兴致，愿同属下下棋，没想到你是个一毛不拔的吝啬鬼，连根头发也舍不得输。"

"大人！我……我有苦……""什么苦不苦？与本官下棋会有什么苦吃？"库吏急了，他一下子摘掉帽子，露出了头上稀稀拉拉的黄毛，苦着脸说："大人，你不知道，我从小患过瘌痢，剩下的头发不多，外号叫'无几根'，与你对弈，我是有输无赢，如果输一子拔一根毛，用不了几盘，我这几根头发就会被拔光……"

苏轼将惊堂木重重一拍，大喝道："大胆刁吏，你也知道输一子拔一毛，久输必然会拔光顶上的头发，那么，你每天从库银拿一枚铜钱，系在帽子上带回家，一日系一枚，十日系十枚，百日系百枚，千日系千枚……日子久了，库银岂不要被你拿光？"

库吏无言以对："这……"苏轼严厉地说："库银是官银，官银取之于民，是老百姓的血汗，你拿走铜钱，就是盗窃库银，就是喝民血、食民肉，罪当斩首！来人，给我拉下去……"

此时，堂上看下棋的差役们，个个吓得胆战心惊，平日里他们中间哪个不依仗自己手中的方便，占些"便宜"？比起库吏帽子带上系铜钱，他们有过之而无不及。如果新知州如此类推追究下去，岂不是人人都要掉脑袋？人人自危，差役们齐刷刷下跪，齐声替库吏求情讨饶："大人，念他不懂事理，就饶他一次吧，我等当以他为戒，再不做有违朝廷法度的事了。"

苏东坡见众人替库吏求情，又有悔改之意，便顺水推舟，免了库吏的死罚，打了四十大板，赶出州衙，罚他到西湖挑封泥。

众差役叹服："苏大人下棋赌头发，小中见大，意味深长，我等服了！"

苏轼任杭州知府期间，还碰上过一件棘手积案，也是

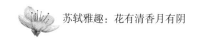

下棋时找到了灵感。一位名叫秀姑的民妇，丈夫十年前出海打鱼，一直未归，杳无音信，秀姑苦苦熬守。苍天不负有心人，一日，丈夫终于平安回来，秀姑大喜，亲手将一只养了十年的老母鸡杀了，烧好后拿给丈夫吃。丈夫喜吃鸡头，不料吃后，大喊腹痛，片刻便气绝身亡。为此，婆家认定秀姑有奸，毒死丈夫，于是告到官府。

　　苏轼认真阅读案卷后，觉得秀姑确无外心，但丈夫又确是中毒而死，实在心中茫然。于是，他微服路经一家中药铺，适逢坐堂郎中闲得无聊，与友人下棋消闲，苏轼也就在旁观战。两人棋艺不相上下，杀得难分难解。这时，苏轼看出了郎中行棋中的一个破绽，便指点了对方几招，结果郎中输了。此时，郎中不觉感叹道："先生绝招如同十年鸡头啊！"说者无意，听者有心，苏轼忙问："十年鸡头？"郎中说："此地有句民谚，十年鸡头如砒霜。而先生的棋法凶狠，实在无药可解，才说此话。"

　　苏轼回府后，立即将一只老母鸡宰杀了，煮熟后把鸡头喂与狗吃，不多时，狗亦狂吠而毙。就这样，疑而不决的悬案给破了，终得还秀姑一身清白。

在宋代，苏轼和黄庭坚都是文学大家，又都喜好下棋，两人见面，除了对对子，就是对弈。

有一次，两人在松树下下围棋，苏轼刚投下一子，忽然落下一颗松子掉于棋盘上。过了一会儿，又落下一颗。苏轼盯着松子，随口说道：松下围棋，松子每随棋子落。

苏轼说完，看着黄庭坚。黄庭坚心中也有数，于是抬起头来，四下张望，寻找对联的题材。他一眼看见离他们不远的地方有条小河，河边上几株柳树，清风吹来，长长的柳丝悠悠荡荡，划过水面。树下正坐着一个渔夫，握着长长的鱼竿儿在钓鱼。看着此情此景，黄庭坚对出下句：柳边垂钓，柳丝常伴钓丝悬。

文兴助棋兴，棋兴助文兴。两人边下棋边论文，直到很晚才歇手回家。而这一副随口而出的下棋联句，从此流传。

苏轼还在《东坡志林》中，记述了朋友李岩老下棋的趣事：

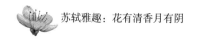

南岳李岩老，好睡。众人食饱下棋，岩老辄就枕。阅数局乃一展转，云："君几局矣？"

东坡曰："岩老常用四脚棋盘，只着一色黑子。昔与边韶敌手，今被陈抟饶先。着时自有输赢，着了并无一物。"

苏轼一生宦海浮沉，几起几落；厌仕而不弃，学陶而不隐。为官时勤政恤民，待民如子，深受百姓爱戴；被贬时，游山玩水，豁达超然，人生态度极为洒脱。

对弈时，别人在乎的是彼此的输赢，他看重的是当下的弈趣和弈境。"着时自有输赢，着了并无一物。"苏轼的率性和超然，注定为他在围棋历史中留下了不凡的印记。

**第五卷**

我书意造本无法：苏轼与书

"吾虽不善书，晓书莫如我。"苏轼的书法洒脱遒劲，独具风格，名列"唐宋四大家"之列，又独占"宋四家"之首。

　　苏轼的书法演化，见证了他的仕途起落，也见证了他的生命悲喜；透过那些看似一挥而就的随性文字，我们或许更应该体会到苏轼笔墨里蕴含着的人生豪迈与苍凉。

## 人生如字：大师书法成长记

仿佛前无古人，后无来者，苏轼堪称中国文化史上稀有的全才，诗、文、书、画无不精妙。除了杰出的文学成就，其书法理论和书法实践，都对当世及后世产生了深远的影响。透过他的书法作品，我们又能看到一个怎样的苏东坡呢？

苏轼书擅正、行，取法李邕、颜真卿、杨凝式，上追二王而自创新意，用笔丰腴跌宕，得天真烂漫之趣。对苏轼来说，书法亦是一桩人生乐事，既可以怡情，亦可以明志，自谓"作字有至乐之"，"静中自是一乐"。

对于苏轼的书法，黄庭坚的《山谷集》有文字赞道：

东坡道人日少学兰亭，故其书姿媚似徐季海，至酒酣放浪，意忘工拙，字特瘦劲似柳诚悬。中岁喜学颜鲁公、杨风

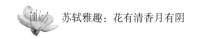

子书，其合处不减李北海……本朝善书，自当推为第一。

东坡书，学问文章之气，郁郁芊芊，发于笔墨之间，此所以他人终莫能及耳。

而对于书法，苏轼更是有一套自己的"书论"，崇尚书写自然之意趣，不愿被书法之"法"束缚，自言"吾书虽不甚佳，然自出新意，不践古人，是一快也"。

自出新意，是一种抒写自我的意趣；不践古人，是一种别出心裁的创造。苏轼的书法确实是追求自我精神的遨游，信手遣兴，"作字之法，识浅、见狭、学不足三者终不能尽妙，我则心、目、手俱得之矣"。苏轼认为，真正的书法艺术是作者将自己的智慧与信念通过书法语言形式而凝结出的实物。书法的外在表现为点画、结体、章法等风格特点，其本质是作者真实感情的流露，通过这些特色而展现出其本人之大性情、大智慧。

"我书意造本无法，点画信手烦推求。"苏轼是一个不愿受太多拘束的人，在书画艺术的创作上也是如此。他所说的

"意"，就是提倡创作的自由精神，不愿受成法所拘，要求抒写胸臆，听笔所致，以尽意适兴为快，因而作书时不顾及"法"的存在。他甚至提出"无意于佳"的说法，认为"书初无意于佳乃佳尔"。

当然，苏轼书法艺术的演变也是逐渐推进的，而且，他书法艺术的演化和精进，是和他一波三折的人生境遇紧紧相连的。

苏轼早年的书法作品笔法精细，字体遒媚，颇为传统。他书于宋神宗熙宁三年（1070 年）的《治平帖》，从形质到意蕴皆有晋人风韵，用笔精致，字态风度翩翩，是他早期的代表作。

《治平帖》是苏轼书写的信札，内容主要是委托乡僧照管坟茔之事。根据帖后赵孟頫、文徵明、王穉登三人之跋可知，此帖当是苏轼于北宋熙宁年间在京师时所作，当时他应该是 30 岁左右。

该帖笔法精细，字体遒媚，与苏轼早年书法特征吻合，正如赵孟頫所称"字划风流韵胜"，并誉之为"世间墨宝"。

苏轼《治平帖》

但是，苏轼所追求的，又绝不是仅仅亦步亦趋的步魏晋人的后尘，他需要的是表现生命精神的艺术追求，是对心灵渲染的艺术。

是"乌台诗案"让苏轼的仕途经历了一次转折，其处世心境和人生况味也与之前大为不同，而他书法的风格也因而有所改变，越来越趋向"尚意"。有着"天下第三行书"之称的《黄州寒食诗帖》，即是这一时期的代表作品。

元丰三年（1080 年）二月，苏轼四十五岁，因宋朝最大的文字狱"乌台诗案"受新党排斥，贬谪黄州（今湖北黄冈），在精神上郁郁不得志，生活上穷愁潦倒，第三年四月，作此两首寒食诗，书写此卷的时间大约在翌年，或元丰七年离开黄州以后。在经历了几乎是灭顶之灾和贬谪之挫后，苏轼的失意、低落全都流露于此诗中，并显现在书帖的每一字上。

《黄州寒食诗帖》，又名《黄州寒食帖》，或《寒食帖》，是"直抒胸臆"和"形神兼备"的范例，无论是诗文还是书写，都一气呵成且笔调多变。

苏轼《黄州寒食诗帖》

通观全篇，运笔的节奏缓起而渐快，笔画由瘦劲而渐厚重，字形自小而大，各种笔调都自然地呈现出来。在诗文的意境比较内敛时，字就显得节制、平淡，在诗文激昂地抒情时，字也就随之变大，笔法变粗重，墨色变浓。字、行距和笔法的变化并没有什么规律可言，唯一的依据便是诗中的情感，诗情驱使挥运之手，心境与书境合一。

这也是一件"无意于佳乃佳尔"的经典作品，是苏轼被贬黄州后所发的人生之叹。《黄州寒食诗帖》不仅诗文写得苍凉多情，通篇书法也起伏跌宕，光彩照人，气势奔放，而无荒率之笔。

这是两首五言诗，诗文如下：

其一

自我来黄州，已过三寒食。年年欲惜春，春去不容惜。今年又苦雨，两月秋萧瑟。卧闻海棠花，泥污燕脂雪。暗中偷负去，夜半真有力，何殊病少年，病起头已白。

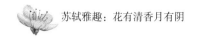 

其二

春江欲入户，雨势来不已。小屋如渔舟，蒙蒙水云里。空庖煮寒菜，破灶烧湿苇。那知是寒食，但见乌衔纸。君门深九重，坟墓在万里。也拟哭途穷，死灰吹不起。

这是两首遣兴的诗作，此诗的书法也正是在这种心情和境况下，有感而发的。《寒食帖》在书法史上影响很大，也是苏轼书法作品中的上乘。正如黄庭坚在此诗后所跋："此书兼颜鲁公，杨少师，李西台笔意，试使东坡复为之，未必及此。"

黄州是苏轼的落难地，却也是他的涅槃重生地。正是在这里，他写出了苍凉沉郁的《寒食帖》，却也面向赤壁喊出了那句"大江东去，浪淘尽，千古风流人物"；正是在这里，他从一名追逐功名的官员"苏轼"，蜕变成了追寻心灵自由安稳的词人"苏东坡"。

人生最大的吊诡，往往是不经意之间的一语成谶，对于命运多舛的苏轼尤其如此。他可能自己都没有想到，此后的命运，真的正如他在写于此地一首词《临江仙》中所叹——"小舟从此逝，江海寄余生。"

三年多的黄州"修炼"之后，苏轼曾一度重回朝堂，并坐上高位，却又在激烈复杂的党争旋涡里再度被贬，先是岭南惠州，然后是更加偏远的海南儋州。翻山跨海，身似浮萍，面对接踵而来的打击，苏轼终于由一逞豪放之气获得了精神上的彻底超脱，而他的书法作品也达到了纯熟的境界，形成了结体短肥的沉着之笔，完成了"以无法胜万法"的蜕变。其《渡海帖》和《江上帖》便是这一时期的代表作品。

《渡海帖》书于宋元丰三年（1100年），苏轼被赦，终于可以从海南岛返回大陆中原了。渡海前夕，想与故人赵梦得见上一面，但不巧错失机缘，苏轼因此有一种预感，"未知后会之期也"。

仕途困顿，世态炎凉，冷暖自知，赵梦得却能在苏轼人生最低谷时给以他最真挚的友谊及无微不至的关怀，这使

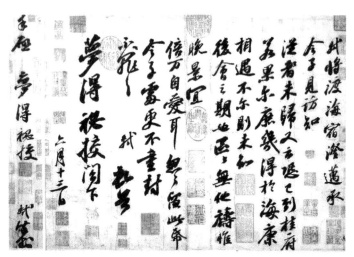

苏轼《渡海帖》

时处海南举目无亲的苏轼倍感慰藉，天涯陌路，二人可谓知己。

意外遇赦，自是百感交集，归心似箭。此番离去，必为诀别，怎能不令人遗憾？不得已，苏轼留书与故人，难得相见之心情在信札中溢于言表，而这种感情也充分熔铸于其书法点画之间。

《渡海帖》用笔劲健，随意无羁，不计工拙，信手自然，确如苏轼自己所说："我书意造本无法，点画信手烦推求。"此帖结体乃典型苏轼书风，字体结构呈右上趋势，有李邕（北海）之风，如黄庭坚所言："晚年沉着痛快，乃似李北海"，又如黄庭坚戏语苏轼"石压蛤蟆"。

此帖结字在统一的风格中又有丰富变化，每个字又有着各种各样的姿态，被苏轼赋予了鲜活的个体生命，恰如苏轼自云"短长肥瘦各有度，玉环飞燕谁敢憎？"通篇章法参差不齐，长短各宜，字法大小错落，一任自然，墨色淋漓，厚重丰腴。尤其是愈到后面愈恣肆挥洒，不经意间挣脱一切束缚达到忘我之境界，而展现出自己的真性情。

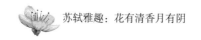

《江上帖》又称《邂逅帖》，书于他临终前三个月的那天，即建中靖国元年四月二十八日。此帖为苏轼书与故友杜孟坚的信札，言故友时隔八年，江上重逢，"怀仰世契，感怅不已"的慨叹。

《江上帖》用笔雄健，用墨浑厚，结字精美，章法自然谐和，表现出了强烈的艺术感染力，但此帖笔迹时见颤动，已出垂暮老态，这正是他所带的老病之态，更增添了它的情感冲击和书法魅力。

然后在三个月之后的一天，苏轼便离开了人世，写给故友杜孟坚的这封信，便成了他现存于世的最后一件书帖作品。

《江上帖》堪称《渡海帖》的姊妹篇，苏轼晚年的"江海"二帖，"法"不"法"的已经不在乎，也不重要了。他尽可以信笔写来，浑然天成，在他的笔下，已然是走过的大江大海。

"长恨此身非我有，何时忘却营营？"人们总是乐道于苏轼的乐天知命，流连于他的旷达豪放，其实，在他的诗词与

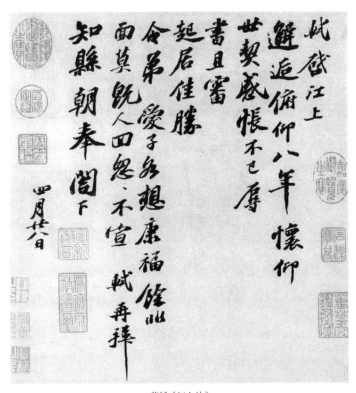

苏轼《江上帖》

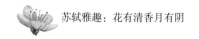
书法中，我们或许更能看到一种来自于骨子里的悲怆荒凉。

人生如字，更多的时候，苏轼写下的是字，还应该是他自己。苏轼的书法演化，见证了他的仕途起落，也见证了他的生命悲喜，透过那些看似一挥而就的随性文字，我们或许更应该体会到笔墨里蕴含着的人生苍凉。

## 字如其人：一代大家的书法佳话

苏轼的一生，满怀抱负却仕途坎坷，正如有人说，苏轼不是被贬，就是正在被贬的路上。面对命运的挫折和境遇的悲苦，乐天知命的苏轼却用自己绝世才华，把大部分人生活出了异样的可爱与精彩。

好看的皮囊千篇一律，有趣的灵魂万里挑一，苏轼的后半生仿佛充满了各种不幸，却也因此处处情趣盎然。孟子曾说："万物皆备于我矣。反身而诚，乐莫大焉。"在苏轼的诸多人生雅趣之中，书法是一部重头戏，除了那些传世的书法名帖，他还留下了许多书法故事。

比如，苏轼一直非常崇拜范仲淹，他在《跋范文正公帖》里说，自己从小就想见范仲淹一面，但是这个愿望一直没能实现。后来看到范仲淹的书法遗迹，竟然难过得哭了起来。

比如，一个叫杜介的朋友向他求字，送去一张纸，要求字别写得太大。他担心的是，字大了，字数就少了。为了惩罚他，苏轼开玩笑说，真应该侵吞了他这张纸，不给写。

比如，有一次乘船，船只突然触滩倾斜，十个船工一起撑篙，听见一片竹篙与石头的撞击之声，四周都是激流浪花。船中的其他人，都吓得面无人色。但是，正在写字的苏轼并没有停下手中毛笔，别人问他为什么能做到这样，苏轼答道：因为我经历的变故很多，知道这个时候，放下毛笔不再写字，什么事也做不了，还不如继续写字。

如此可圈可点的精彩时刻，当然还可以找到许多，这些和书法有关的真实故事，我们不仅看到了苏轼精湛杰出的书法技艺，更因此看到了一种认真、有趣、淡定的人生态度。

北宋时期，后人通常认为苏轼和黄庭坚、米芾和蔡襄的

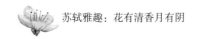

书法成就最高，这四个人大致可以代表当时的书法风格，故称"宋四家"。苏轼不仅为"宋四家"之首，苏轼和他们之间的人生交情和书法交流，更堪称中国古代书法史上的传奇和佳话。

苏轼虽然比米芾大 14 岁，但绝对算是知己，在两人交往长达二十年的时间里，有两次重要的会面：第一次见面，苏轼给米芾指出了一条光明的大道；最后一次见面，却成为两人的诀别。

米芾初见苏轼，是在元丰五年（1082 年），这一年苏轼 45 岁，米芾 31 岁。起初，米芾以时人为师，又遍临古帖，年纪轻轻字就写得相当好了。但他写来写去，发现不过是在"集古字"而已，这是三十出头的米芾书法上碰到的最大困惑。

如何打破瓶颈，再攀高峰？他想到了一个人，这个人就是苏轼。但是很不巧，苏轼落魄了！

米芾初见苏轼，当时苏轼刚刚被贬到黄州，很多人恨不能离得远远的，米芾却坚持"逆流而上"，足以证明其为人的仗义和对学问求真的虔诚。而苏轼这位老大哥也很对得起他，两人推心置腹讲了书法上的好多事，米芾听从了苏轼的建议，"始专学晋人，其书大进"，从此，米芾走上了一条通向书法大家的光明道路。

1086 年，苏轼得到司马光引荐，重新到朝廷任礼部郎中，不久，米芾也到京任职，与苏轼成为了同事。此后，他们来往甚密，更以尺牍诗句往来，交情日深。

1101 年，饱经磨难的苏轼从岭外回归，来到南京，见到了米芾。此时苏轼 64 岁，米芾 50 岁。游览金山时，有人请苏轼题词。苏轼说："有元章在。"米芾说："某尝北面端明，某不敢。"苏轼拍拍他的背，"今则青出于蓝矣"。然后米芾开始自语，缓缓道："端明真知我者也。"端明是苏轼的官职，端明殿学士。这个故事告诉我们，在过去的 20 年里，米芾书法突飞猛进，而人也越发狂放了。

这次会面后不久，苏轼开始闹肚子。六月，在江苏仪征的东园，苏轼再见米芾，两人彻夜交谈，喝了过量冷饮。两人在一起待了十天时间，聊得十分痛快。此前苏轼已经有

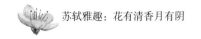 

"瘴毒"，加上冷饮刺激，肚子始终不好，米芾也曾多次送药，苏轼虽然十分感激，但始终未能奏效。告别米芾一个月后，苏轼客死常州。后人考证，苏轼得的是细菌性痢疾，今天几颗药丸就能解决的小病，却断送了一代大家的性命，实在令人可叹可惜。

在他们的人生交往和书法交流里，既相互赏识提高，又相互调侃打趣。米芾二三十岁遍临古帖，仿古仿到逼真，他向别人借来古帖，借一还二，由主人自选，主人有时选了他临摹的，他就把真迹收入囊中，苏轼用"巧取豪夺"一词来调侃他。苏轼路过，米芾请苏轼吃饭，苏轼到了，米芾安排一人一张桌子，上面放了好笔好墨和三百张纸，菜放在旁边。苏轼一看就明白了，两个人每喝一杯，就写几幅字，快得两个磨墨的书童都有点赶不上。到晚上酒喝完，纸也全部用完了，两个人各自拿了对方写的字离开。

苏轼曾在《与米元章尺牍》第二十五首中写道：

岭海八年，亲友旷绝，亦未尝关念。独念吾元章迈往凌

云之气，清雄绝俗之文，超妙入神之字，何时见之，以洗我
积年瘴毒耶！今真见之矣，余无足言者。

　　无论如何，有一个无可辩驳的事实，假如没有米芾，苏
轼还是苏轼；但没有苏轼，米芾可能就不是米芾了。

　　蔡襄，字君谟，为人刚正严谨，和苏轼同朝为官，因书
而成知音。二人相互赏识，在书论上许多观点一致，都认同
人品与书法是结合在一起的，结下了深厚的情谊。

　　苏轼是个性情可爱的人，他对蔡襄的推崇可谓备至。生
前他总不吝惜溢美之词，把这种欣赏形诸于言间笔下。在苏
轼的诸多书信往来中，论及书法，总要提及君谟，说蔡书是
本朝第一。苏轼看不起那些格韵卑浊，有衰陋之气的书法作
品。他认为颜柳之后，笔法衰绝，人才凋落，再无大成者。
他评论当朝书者，只苏子美（苏舜钦）堪称佳作，斯人逝
去，有宋一代，再无他人。直到他看到蔡襄的字，直呼天下
第一。这个论定，他终身持之不易，别人不同意，他还要滔
滔雄辩去说服一番。苏轼认为字如其人，君谟死后，他伤其

米芾画像

情，直叹笔法衰绝。晚年，每观蔡氏书帖，总是感叹伤怀，惜其逝去，遥想当年君谟的绝胜之姿。

黄庭坚出苏轼门下，是"苏门四学士"之一，两人又是好朋友，经常在一起吟诗、填词、弈棋、联对，也正因为苏轼的赏识，带累黄庭坚一生坎坷。二人惺惺相惜，翻开史书，我们发现黄庭坚的人生，是与苏轼共沉浮的。

有关两人之间的书法故事，给人留下印象最深的，应该是记载于宋曾敏行《独醒杂志》卷三中的一则玩笑：

东坡曰："鲁直（黄庭坚字）近字虽清劲，而笔势有时太瘦，几如树梢挂蛇。"山谷曰："公之字固不敢轻论，然间觉褊浅，亦甚似石压蛤蟆。"二公大笑，以为深中其病。

苏轼和黄庭坚，既是北宋的书法大家，也是整个中国书法史上的重量级人物，他们的书法都达到了开宗立派的高度。突出自己特色的同时，很有可能又暴露出新的毛病，苏、黄二人均是如此。苏轼书法的最大特点是肥扁朴拙，黄

庭坚书法与苏轼截然不同，而是笔画瘦长且多波折。所以用"石压蛤蟆"和"树梢挂蛇"来比喻苏、黄二人的书法，着实是再生动形象不过了。

## "多谢中书君，伴我此幽栖"

作为宋代"书法四大家"之首，又是诗坛最为著名者，在苏轼所存世的两千七百多首诗中，直接论及书法、书家的作品有近三十首之多。字如其人，人生如书，探求苏轼书法及其人生之旅的真精神，这些论书诗或将大有启迪。

首先，我们先来品读下面这首《柳氏二外甥求笔迹》：

退笔成山未足珍，读书万卷始通神。

君家自有元和脚，莫厌家鸡更问人。

这是苏轼为其外甥所作的一首赠言诗。"柳氏二外甥"长名柳闳，次名柳辟，是苏轼堂妹婿柳仲远之子，书法家柳瑾之孙。柳氏兄弟"才翻甚美有意于学"（黄庭坚《诗序》），向舅父苏轼讨求笔迹，苏轼因作绝句相赠。《柳氏二外甥求笔迹》有两首，这是其一。

起首两句着重说明勤学和博学的重要意义。"退笔如山"用陈、隋间书法家智永事。智永为王羲之七世孙，山阴永欣寺僧，继承祖法，精勤书艺。据《太平广记》载，智永住吴兴永欣寺时，积学书后有秃笔头十瓮，每瓮皆数千，后取笔头埋之，号为退笔冢。

三、四两句侧重说明学习的方法和途径。脚，指笔形中的捺，俗称捺脚，代指书法。"元和脚"者，柳公权书法自成一家，流行元和间，故云。苏轼借此告诉他的二外甥：你们柳氏家族有个书法家柳宗元，他继承了柳体的衣钵，并且有了新的发展，那是你们柳家自己的宝贝（用"家鸡"指代），你们不要厌弃这宝贝，应该先学好"元和脚"，然后再向其他的书体求教。

这是苏轼论书的著名诗句，他以亲切的笔调、生动的形象向二甥揭示了书法学习途径，颇具有哲理意味。苏轼认

苏轼雅趣：花有清香月有阴

为，书法仅靠秃笔堆成山的苦练是练不成的，高品位的书法更需要高度的文化素养来支撑，读万卷书才能学养深厚，才能妙悟通神。而有家学渊源的初学者应当先继承好家学，然后再触类旁通，博采众长，求得新的发展。

全诗虽句句用典，却又信手拈来，恰当自然，浑然天成，令人常读常新，也只有苏轼这样的饱学之士才有如此神来之笔。

除了勤学苦练和博学通神，苏轼还提出，每一个书法爱好者都要把培养高尚人格作为提高书艺的必要前提，德艺双修。如他在《柳氏二外甥求笔迹》其二中所言：

一纸行书两绝诗，遂良须鬓已如丝。
何当火急传家法，欲见诚悬笔谏时。

苏轼先举唐代书法家褚遂良典故，意在说明书法不是一朝一夕可成之术。纸上寥寥数行，似乎一挥即就，实质上若不是日日苦思苦练，直到两鬓苍苍之时，是不能够达到书写

118

得心应手的境界的，所以不必"火急传家法"。

诗中的"诚悬笔谏"是一个典故。唐代书法家柳公权，字诚悬，《旧唐书·柳公权传》载："穆宗证僻，尝问柳公权笔何尽善，对曰：'用笔在心，心正则笔正'，上改容，知其笔谏也。"这里说的是柳公权在皇帝请教他如何练好书法时，借此机会谏言说，先要心正，然后笔正，才能字正，也就是说，你皇帝处理国家大事也同此理，皇帝听了心领神会。

苏轼在其论书诗里一再强调，书法的真精神重在"寓意"，"浩然听笔之所之，而不失法度，乃为得之"。他认为，胸中有浩然之气，便能发之于胸，应之以手，便能听笔之所至。如《次韵子由论书》所言："吾虽不善书，晓书莫如我。苟能通其意，常谓不学可。"

苏轼以"意"为主的书学观，要求作书要任性而为，贵在"自然"，即个人情感的真实表达，而不要去刻意为之，如《石苍舒醉墨堂》诗："自言其中有至乐，适意无异逍遥游。……我书意造本无法，点画信手烦推

119

求。"他把书法艺术作为写意、乐心、游息的一种手段，不计工拙，唯在自由挥洒耳。

苏轼多次在诗中强调作书要任"性"而为，不要刻意雕琢，如《戏书》："洗墨无池笔无冢，聊尔作戏悦我神。"作书只要达到精神的愉悦，何必在意字的好坏？他这种豁达的心境在其文学、艺术作品中都有充分的体现。

"短长肥瘦各有态，玉环飞燕谁敢憎？"苏轼不盲目泥古，自出新意，自成一家，开创了宋代尚"意"书风。他曾自我剖示道："吾书虽不甚佳，然自出新意，不践古人，是一快也。"

当然，苏轼对书法并非不要"形"，而是把"神"放在首位，追求的是"通其意"，即真正把书家主体精神与字融为一体。他的书艺神而化之，法意互得，无意于佳而自佳，达到了自然天成的境界。

"多谢中书君，伴我此幽栖。"苏轼的书法已臻随心所欲的化境，把人生的喜怒哀乐尽情挥毫泼洒于笔墨。那些看似随意随性的书法，早已经成了苏轼生命的一部分，伴他度过了那些人生困境。

对于苏轼而言，书法之道，即是做人处事之道，在某些情况下，喜欢写字的他却绝不提笔赠书，世人称为"五不写"。

其一，限定字体大小的不写。苏轼追求自由，情之所至，笔之所动。他考虑的不是字体的大小和笔法的工拙，而是创作的灵性。

其二，不认识或未曾谋面的人不写。这大概是怕他人别有居心或诚意不够，不知珍惜。假如书法落在一个不懂字的人手中，岂不是对牛弹琴，他如何舍得？

其三，绫绢不写。"一粥一饭当思来之不易，一丝一缕恒念物力维艰。"苏轼认为绫绢该用来做衣服，不该用来写字。

其四，想藉他的字扬名的不写。当时有些文人想把文章通过他的笔法，以求彰显于世，苏轼认为这样的人只会钻营、巴结，这种邪风杜绝还来不及，怎么能再助长呢？

其五，文无深意不写。求书者所写的内容立意浅薄，格

 苏轼雅趣：花有清香月有阴

调浅陋，苏轼作为一代文豪，当然不会写了。

　　"常行于所当行，常止于不可不止。"无论得意还是失意，无论做人还是写字，这是苏轼的原则和底线。

第六卷

水墨自与诗争妍：苏轼与画

"诗画本一律，天工与清新。"除了诗词歌赋上的极大成就，苏轼也是一位杰出的画家，为我国的绘画发展作出了巨大的贡献。

　　在中国古代绘画史上，没有任何一种画论超过苏轼画论的影响，它有力地推动了文人画潮流的发展，在一定程度上可以说苏轼是文人画理论的实际奠基人。

## "画中有诗"：文人画的灵魂

宋、元之际，中国绘画发生了一次明显变化，较之唐代以来流行的以专业画工为主的精谨风格的绘画，一种逸笔草草、不求形似的新画风，很快在士大夫文人中流行开来，后人称这种由文人提倡并身体力行的画风为文人画。文人画的出现，为中国绘画的发展开辟了新的途径，对宋、元以后乃至今天的中国画理论与实践的影响都是非常巨大的。

在一定的意义上来说，苏轼不仅是文人画的最早提倡者，也是文人画基本理论的建立者和杰出的创作实践者，他所提出的文人画理论，至今仍是中国文人画最重要的基础理论。苏轼对文人画的流行与切入士大夫生活发挥了重要作用，使绘画艺术在北宋时代一跃而成传统中国社会中最高尚的艺术活动之一。因此，研究中国文人画，苏轼是一个极其重要的人物；而研究中国文人画的理论，苏轼的诗文则是最

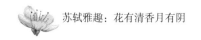

重要的文献资料。

这种画风出现以前，绘画一技主要由专业画工掌握，因此较有社会地位的文人大都对之持看不起的态度；而这种新兴画风出现以后，最初掌握这种新画风的人则大都是一些著名文士，后来的文人们也就竞起仿效，反而无不以能绘画为文人的风雅。

文人画与传统绘画比较起来，最重要的特点之一，便是强调作者个人内心情感的抒发，这是以绘画的形式来进行的一种抒情活动。因而，将文人画与传统绘画比较，从描写的"物象"来讲，前者多是山水花鸟，后者多是人物故事；从创作手段来讲，前者多是简括的即兴式的书法式的，而后者多是精细的再现式的工艺式的。文人画之所以会采取上述的手段，描写上述的内容，主要便是文人画的作者希望通过绘画来寄托自己内心的情思，其目的并不止于绘画本身，而是超乎其上，所以才使用了这些对创作约束力较小的艺术手段和对思想约束力较小的绘画内容。

这些论述最重要的一个内容便是苏轼提出的"诗画本一

律"，即诗歌和绘画都是一种抒发个人情感的艺术，这样便将绘画艺术提到一个更高的层次来看待，从一种完全是技术性的工作中解脱出来，成为文人们的一种自觉的表达手段。

苏轼认为，绘画作为艺术，应当是与作为艺术的诗有着相似的创作规律、相似的欣赏原则，当然也就应当有相同的地位，就如他在《书鄢陵王主簿所画折枝二首》其中一首所写：

论画以形似，见与儿童邻。

赋诗必此诗，定非知诗人。

诗画本一律，天工与清新。

边鸾雀写生，赵昌花传神。

何如此两幅，疏澹含精匀。

谁言一点红，解寄无边春。

"诗画本一律，天工与清新。"作为文人画的有力推进者，这是苏轼为之提出的新主张，与此同时，苏轼为自己的

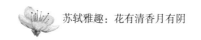

这种理论找到了历史的先例和现实的证据。

苏轼认为"古来画师非俗士，妙想实与诗同出"，而唐代诗人王维就是一个最好的例证。他的《书摩诘蓝田烟雨图》云：

味摩诘之诗，诗中有画；观摩诘之画，画中有诗。诗曰："蓝溪白石出，玉川红叶稀，山路元无雨，空翠湿人衣。"此摩诘之诗也。

苏轼称赞王维创造性地把诗歌和绘画有机地结合起来，称赞他的《书摩诘蓝田烟雨图》像他的这首《山中诗》一样，色彩明丽，清新秀美，表现出作者恬静的性格、高清的韵致，达到了情景交融的艺术境界，孕育着丰富的诗意。

在这段最为有名的论述中，对于文人画理论有重要意义的就是"画中有诗"这四个字。所谓"画中有诗"，实际上就是明确提出文人画应当具有超乎于绘画之上、在所描绘的有形之物内蕴含有更为丰富的无形的内容；就是明确提出绘

画与诗歌一样，不仅要"状难写之景如在目前"，而且还要
"含不尽之意见于言外"。

他还进一步指出，画中有诗的诗意，正是画家的性格、
气质、教养的具体体现，如他在《王维吴道子画》中写道：

摩诘本诗老，佩芷袭芳荪。

今观此壁画，亦若其诗清且敦。

苏轼认为，王维的壁画充满诗意，就因为他同时是杰
出的诗人，他的画同他的诗一样，清新敦厚，超妙脱俗，根
本的原因是他具有幽花香草般纯洁的品德，有很高的学识教
养。他在《次韵鲁直书伯时画王摩诘》里如是写道：

诗人与画手，兰菊芳春秋。

又恐两皆是，分身来入流。

苏轼认为，诗人王维也可以看作是画家王维，诗歌与绘

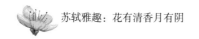
画这两种艺术形式在王维那里得到了统一，并且都成为了王维咏叹自然、流连光景的手段。

"摩诘本词客，亦自名画师。"苏轼推崇王维，主要是为了替自己所倡导的"妙想实与诗同出"的文人画寻找历史的依据，以便自立门户，区别于"画工之画"。宋元以后，绘画的发展变化一直沿着这一路径前行，可见苏轼为文人画所寻找的历史依据，在后来文人画的发展中产生了多么巨大的作用。

除了王维这个历史的先例之外，苏轼还为他的文人画理论找到了现实的依据，这便是同时代的画家文同。他在《文与可画墨竹屏风赞》中指出：

与可之文，其德之糟粕；与可之诗，其文之毫末。诗不能尽，溢而为书，变而为画，皆诗之余。

在这里，苏轼指出文同的画与其人、其德、其诗、其文、其书应当是一个统一体，他的诗、文、书、画都是文同个人内心世界的流露，只不过采取了不同的方式，借助不同的艺术形式而已。于是，诗人与画家的统一，现在又在文同身上见到了。

由于苏轼的努力提倡，在北宋初年兴起的这种新画风很快在士大夫中流行开来。北宋中叶以后，绘画史上出现了一大批文人画家，而他们几乎都与苏轼有一定的关系，这或许并非历史的偶然。

这也就是后世文人画重意境、重格调、重作者学养的发端。由于文人画强调"画中有诗"，就带来了一系列的技巧上的变革，使文人画具有一套与传统绘画很不相同的技法，最后甚至影响到文人画使用的工具材料，如纸、笔等也渐与传统绘画产生了区别。因而，理解苏轼"画中有诗"这一理论的内容，就成为了解文人画这种艺术形式的必要前提。

当然，绘画艺术不可能同时就是诗的艺术，苏轼大约有两层意思：一是画家在进行绘画创作时注入了诗的情感；二是绘画作品启发了欣赏者的情感。这两层意思，苏轼在其他地方都有明确的表示，而且都对文人画理论与实践的发展产

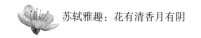

生过很大的影响。

这样一来，绘画艺术在苏轼那里便成为一种表达个人情感的方式，与"诗言志"的传统结合在一起，所以苏轼才提出"诗画本一律，天工与清新"，才会提出"画中有诗"。画中是否有诗意应当在于画家是否有诗情，是否有非以绘画形式表达不可的情感的波澜，使用绘画这种形式来表达情感，在苏轼看来与使用文字的诗具有同等价值。这种"森然欲作不可回"的绘画，与"好诗冲口谁能择"的诗文一样，都成为诗人寄托情思的方式了，这在后来成了文人画最重要的传统。

苏轼在《次韵水官诗》中说："高人岂学画，用笔乃其天。譬如善游人，一一能操船。"他认为既然绘画是文人心中"风流文采"与"诗"的外发，"风流文采磨不尽，水墨自与诗争妍"，从这种立场出发，他更进而提出"画山何必山中人，田歌自古非知田"的看法。这种看法的要义在于：诗、画等艺术创造的规律与其所描摹、反映的对象之间没有直接的、绝对必然的关系，这种以创造者为中介的创造活动，其结果完全以创造者对对象的折射方式为转移。这并不是说绘画形象不需要自然对应物，而只是"不求"，不要让自然形象来限制绘画形象。

苏轼强调对于生活的体验，强调以自己主观的体验来折射出具有诗人个性的绘画造型，他认为，只有在"东南山水相招呼，万象入我摩尼珠"之后，才能"旧游心自省，信手笔都忘"地进行创作。这种创作在苏轼看来，有时还更多地依赖于具有丰富阅历与内心生活的文人的幻想："梦中神授心有得，觉来信手笔已忘。"这样一来，绘画作品所反映的世界便成了一个被文人的内心情感所熔铸过的世界，在这个世界之中，寄托着文人士大夫个人内心深处的波澜。

此外，苏轼在他的文人画理论与实践中提倡的"不求形似"与引书法入画，都对后来文人画的发展产生了深远影响，以至成了文人画的基本原则。

"不求形似"的文人画理论并不是不要形似，只不过文人画要求不止于"摹写物象"，而是要通过"物象"来表达作者心中的"诗"。在这种思想背景之上，苏轼才说"论画

苏轼《枯木竹石图》

以形似，见与儿童邻"。

历史上，像苏轼这种诗书画都达到一流境界的大才子是屈指可数的，唯其如此，他也就责无旁贷地担当起倡导融诗、书、画为一体的文人画的重任，并成为文人画理论的奠基人。

苏轼擅长绘画，画风大胆创新，但是他的绘画传世作品非常少，据考仅存三幅：《潇湘竹石图》《偃松图》和《枯木竹石图》。其中，《枯木竹石图》就像苏轼本人的生动写照，枯木和怪石似乎在诉说着胸中有盘郁，但依然有绝处逢生的力量和淡定沉静之气。


## "诗中有画"：题画诗的应有之义

诗与画，是两种既各自独立发展而又相互联系的姊妹艺术。题画诗，是诗画高度融合的产物，是指画家或鉴赏者根据绘画的内容所感而作之诗，是作者对绘画题材、内容、思想的评定，是对作品格调的艺术总结，往往能收到诗情画

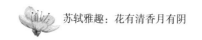

意、相得益彰的效果。

宋代学术文化高度发达，文学与绘画兴盛，随着文人画的强势崛起，题画诗也渐趋成熟。清人方薰《山静居论画》云："款题图画，始自苏米。"苏轼才性天成，兼学者、诗人、画家于一身，其艺术观和创作思想也是综合融通的。虽然苏轼的画迹存世仅数幅，且多是一时遣兴之作，并无题诗，但他给我们留下了大量的题画诗。

苏轼题画诗内容丰富，手法多样，取材广泛，遍及人物、山水、鸟兽、花卉、木石及宗教故事等，不仅显示了其灵活自如地驾驭诗画艺术的高超才能，也为题画诗的发展起到了巨大的推动作用。

宋元时期普遍出现题画诗形式时，中国画即披上了浓厚的文学色彩，诗中有画、画中有诗便成了赏析文人画的一种创作追求或审美理想。在苏轼看来，文人画的最大亮点是"画中有诗"，与之相对应，题画诗的最大意义应该就在于"诗中有画"。

中国历史上的题画诗不胜枚举，其中最著名的，当属苏轼的《惠崇春江晚景》。元丰八年（1085 年），宋哲宗即位，将原本退居在常州的苏轼召回，派去登州，很快又召回汴京。逗留靖江期间，他见到了两幅惠崇所画的《春江晚景》。

惠崇，宋初九大僧人之一，福建建阳僧，能诗善画。苏轼为《惠崇春江晚景》所作的题跋，尤其是第一首，因能深入地揭示出画中的诗的意趣，至今仍流传万口，深受人们喜爱。

其一

竹外桃花三两枝，春江水暖鸭先知。
蒌蒿满地芦芽短，正是河豚欲上时。

其二

两两归鸿欲破群，依依还似北归人。
遥知朔漠多风雪，更待江南半月春。

"竹外桃花三两枝"，苏轼从稀疏的竹林望去，见到几枝桃花在春风中摇曳生姿，红绿相衬，很引人注目。初春时分，桃花初放，暗含着无限的春意。"春江水暖鸭先知"，画面从岸上的竹林移动到江面上，鸭子们在江面上嬉戏玩耍，春天虽正在到来，江水还带有寒意，但鸭子是能最先察觉到江水回暖的。

上面这两句诗是最为人所熟知的，苏轼从一幅画上，向我们表达出了"鸭知水暖"这种诉之于感觉和想象的事物。应该说，这是一件不太容易的事，这种感觉，画里其实也是很难传递给人的，但苏轼做到了。再者，鸭子常年生活在水边，只要湖面不结冰，鸭子就会在水里嬉戏游玩，因此，说最先察觉到江水回暖的是鸭子也很合理，虽然后人对此略有些争议。但真正的艺术，应该既来源于生活，又要高于生活，苏轼对此处理得恰到好处。

"蒌蒿满地芦芽短"，满地蒌蒿、短短的芦芽，黄绿相间，为我们呈现出一派春意盎然、欣欣向荣的景象。"正是河豚欲上时"，河豚的特性是只有在春江水暖时才往上游，苏轼借用这个特征，进一步突出一个"春"字。关于这两句，历来也为人所称道。《春江晚景》图中，并没有河豚，是苏轼自己通过蒌蒿、芦芽而想象出来的。我们都知道河豚有毒，但这对于世人熟知的这位美食家来说，由蒌蒿、芦芽想到河豚就非常合理了。

第一首写的是"鸭戏图"，第二首则是"飞雁图"。

冬天的时候，大雁都会飞往南方过冬，晚冬初春，大雁就要飞回北方。苏轼抓住候鸟的这一特性，将大雁比喻成北归人，赋予了人的感情。大雁恋恋不舍飞回北方，差点掉了队，那是因为不舍得温暖的南方。这里依然要佩服苏轼天马行空的想象力，从大雁不舍得温暖的南方，苏轼就想象那是因为北方太过寒冷，那里的沙漠风雪交加。最后还想象大雁内心的期待，希望能在温暖的南方多住几天。

惠崇的《春江晚景》图，将迷人的画面定格在了一瞬间，留住了某种美好的回忆。苏轼通过赋诗，运用他过人的想象力，将无声的、静态的画面转化成有声的、活动的诗

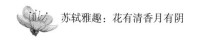
苏轼雅趣：花有清香月有阴

境，给画面里的意象赋予了人的感情，将画框内的景物拓展到了画框之外。苏轼的艺术联想拓宽了绘画所表现的视觉之外的天地，使诗情、画意得到了完美的结合，二者相得益彰。

第二首诗其实也写得很好，只是因为第一首太过著名了，盖过了它的锋芒，导致它鲜为人知，不得不说很可惜。在后来，很多文人在评论这组诗的时候关注点也都只是在第一首，比如《纪昀评苏文忠公诗集》云："此是名篇，兴象实为深妙！"《渔阳诗话》评曰："坡诗'蒌蒿满地芦芽短，正是河豚欲上时'，非但风韵之妙，盖河豚食蒿芦则肥，亦如梅圣俞之'春洲生荻芽，春岸飞杨花'，无一字泛设也。"

惠崇和尚的《春江晓景》早已失传，但苏轼的题画诗却成了独立的艺术品，成了众口传诵的名篇。"诗中有画，画中有诗"，在他的题画诗《惠崇春江晓景》中得到了很好的验证。

苏轼一生跌宕起伏，历尽大喜大悲，但豁达乐观之性始终未改。他在湖州登山遇大雨，避雨于好友贾耘老

所筑澄晖亭中，滂沱雨声和一身狼藉都未能令他扫兴失
落，反而竟生创作的热情，喊来随从燃起烛火，借着幽暗的
烛光，在亭壁上画了一枝风雨竹，并有题画诗曰：

更将掀舞势，把烛画风筱。

美人为破颜，正似腰支袅。

苏轼看风雨中摇曳的翠竹，也像看他自己，不憔悴，不
可怜，不狼狈，像美人笑得弯了腰，多么富有生趣。

苏轼的题画诗除了论绘画艺术，发抒感慨，有时也借题
画来劝勉友人。苏轼曾为好友王诜的《烟江迭嶂图》作题画
诗，写第一首长歌时，曾说看完王诜绘出的武陵桃源，自己
真想就此归隐。王诜曾因受苏轼牵连贬官，苏轼后来看到王
诜的和韵诗中流露出消极情绪，要谢绝尘境栖身林泉时，他
就写了第二首长歌进行规劝，其中有文曰："风流文采磨不
尽，水墨自与诗争妍。""画山何必山中人，田歌自古非知
田。""山中幽绝不可久，要作平地家居仙。""愿君终不忘在

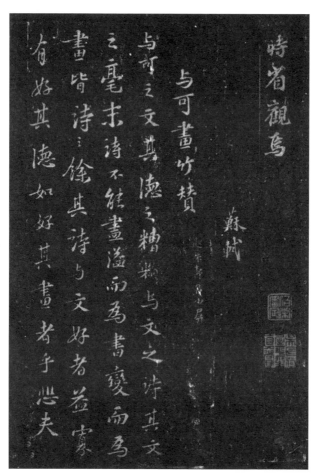

苏轼书法拓本《文与可画墨竹屏风赞》

142

莒，乐时更赋《囚山》篇。"他希望王诜在顺境中，要像齐桓公那样常思困厄之时，使自己不懈怠；在想退隐时，要像柳宗元那样写《囚山赋》，那就不会留恋岩谷林泉了。

诗画迷人，故友情深。苏轼让王诜很受感动，说他的诗"非惟格韵高绝，而语意郑重，相与甚厚"。

"诗堪入画方称妙，画可融诗乃为奇。"题画诗是以画为基础的，应当做到诗与画两相映，成为珠联璧合的整体；同时，作为一类文学作品，它又应当离开了画仍不失其独立的艺术生命。不必看画，只从诗所再现的景物美、所创造的意境美，从诗人所表露的对大自然、对生活的兴会中，读者自会为之吸引，受到感染，得到启迪。

苏轼的题画诗，妙在画中态及画外意的兼备，将诗歌中想象的空间发挥极致，将多样复杂化的微妙情感融入绘画艺术中，使得诗情画意的美感跃然纸上，如历眼前。

第
七
卷

非人磨墨墨磨人：苏轼与墨

"有佳墨者，犹如名将之有良马也。"作为一代书画大家，苏轼对墨的钟爱可想而知。藏墨，造墨，论墨，苏轼都进行了一定的研究，也留下了很多脍炙人口的逸事佳话。

　　"非人磨墨墨磨人"，表面上看是人在磨墨，骨子里却是墨在磨人，人的一生都给墨磨掉了。此番感慨，可谓情至意切，发人深省。

　　人生如墨，墨如人生。苏轼对墨的爱好早已不是一般意义上的赏玩。好物而不役于物，善于在其中探求做人的道理，这才是他追求的最高境界。

## 藏墨和造墨

陈寅恪先生曾指出："华夏民族之文化，历数千载之演进，造极于赵宋之世。"宋代文化繁荣，文人们生活安逸，他们在不断发现着生活中的美，养成了种种闲情逸致，对文房四宝的留赏把玩就是一个突出现象。在此背景之下，宋代形成了历史上文人藏墨的第一个热潮。

苏轼书法、绘画皆独步一时，对文房四宝的钟爱可想而知，尤其在墨砚的收藏上花了不少心血，还留下了很多脍炙人口的逸事佳话。

墨，文房四宝之一，苏轼藏墨，除了受当时文人藏墨风尚的影响，还应该与以下因素相关。

其一，从实用的角度来说，是因为好墨能使其书画作品存世久远，身价倍增，正如古人云："有佳墨者，犹如名将之有良马也。"

有一次，蜀僧清悟送给苏轼一些好墨，他曾作《书清悟墨》记之：

川僧清悟，遇异人传墨法，新有名。江淮间人，未甚贵之。予与王文甫各得十丸，用海东罗文麦光纸，作此大字数纸，坚韧异常，可传五六百年，意使清悟托此以不朽也。

苏轼这是在说，喜好舞文弄墨的文人们为了使自己的作品能留传于世，通常都会选择好的材料，将他们的满腹深情与心血都寄托在他们的书画作品中，使作品历经百年沧桑，仍然能墨色不败。因此这些书写工具在他们的心中占有重要的位置，当我们还能看到作品保持完好时就会惊叹，其功劳也得感谢墨本身了，而且好的材质，还会增加书法作品的艺术价值。

其二，从心理的角度来看，寄情于物是他多难人生的某种解脱。

苏轼的仕途坎坷，政治失意，人生的种种不幸和苦恼，当然需要移情别处，以求心理的慰藉和超脱。苏轼对书画的热爱，当然与其过人的天分相关，除此以外，其中还应该有通过书画一解思愁，通过艺术的精益求精来修炼自己的心性，在艺术活动中，释放自己的压力，忘掉人生的烦恼，以求心灵的安宁和平和之目的。他曾将墨比喻为"贤人君子"，这是一种人生的操守，用对墨的敬仰来表现自己追求一种正直的品德。对苏轼而言，在藏墨的过程中，不仅可以让人感到收藏的种种快乐，让人体验到发现一块好墨的喜悦，还可以让人从这一微物中探求至真的人生哲理。

父亲苏洵雅好书画，受此熏陶和影响，苏轼小时候就对艺术品产生了浓厚兴趣，也逐渐地培养了他搜墨藏墨的喜好。他曾在《宝绘堂记》说："凡物之可喜，足以悦人而不足以移人者，莫若书与画。……始吾少时，尝好此二者，家之所有，惟恐其失之；人之所有，惟恐其不吾予也。"苏轼的一个朋友颜复曾请他为其父的诗文集作序，苏轼写好后，朋友知他以好墨闻名，就把自己珍藏的李廷珪墨送给苏轼，苏轼看后认定确为廷珪真迹，高兴万分。

  李廷珪，三代均为唐代制墨名家。祖籍易县（今属河北），原姓奚。祖父奚鼐，唐末，廷珪与其父奚超自易水渡江，迁居歙州（治今安徽歙县），以其地多松，因留居以松烟作墨。父子所制墨"其坚如玉，其文如犀，书写数十幅，不逾一二分"，甚至"浸水中三年不坏"，被人誉为"拈来轻、嗅来馨、磨来清""丰肌腻理、光泽如漆"的佳墨，号称"天下第一品"，得到南唐后主李煜赏识，因赐李姓。

  苏轼对墨十分痴迷，碰到好墨就要千方百计收为己有。他的学生黄庭坚也是当时著名的书法家，前去向黄庭坚求字的人络绎不绝，难免就会送些"润笔"，大家都知道黄庭坚喜欢好纸和名墨，"润笔"里当然也少不了这些。日久天长，黄庭坚就积存了不少上好的墨块。一次，黄庭坚带着储墨的锦囊去苏轼家拜访，苏轼看见锦囊，知道里面盛满了好墨，就一把夺去翻看。一眼便看到由当时著名制墨大师李承晏制造的半块墨，苏轼就向黄庭坚讨取。黄庭坚也是爱墨如命之人，推辞着不想给他。苏轼就笑着对黄庭坚说："你们这些孩子就是对外人大方，对自己人小气。"说完便一把夺了过去。当然，这并不是在说苏轼"为师不尊"，这种事在苏门中经常发生，不仅老师对学生毫无架子，学生对老师也从不拘谨。

李承晏是李廷珪的侄子，继承了他的制墨技术，因此他所制的墨很宝贵，价比黄金，黄庭坚当然非常珍惜，即使是自己的老师也是舍不得的。黄庭坚没想到苏轼一看见好墨就忍不住了，即使被自己的学生嘲笑也毫不在意，可见其对这块好墨的喜爱之情。苏轼尝赋《谢宋汉杰惠李承晏墨》诗盛赞承晏墨：

老松烧尽结轻花，妙法来从北李家。

翠色冷光何所似？墙东鬓髮堕寒鸦。

"千金易得，李墨难求"，在苏轼的眼里，承晏墨就如东家妇人黑油油的头发，连乌鸦亦要惭愧毛色不如而从天上掉下来。

元代胡仔《渔隐丛话》记有一则趣事：北宋学者陈师

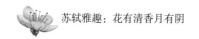

道称，曾在秦观家里见到"廷珪墨"，据说是宋神宗赵顼所赐，原属王平甫家收藏。经宋代制墨名家潘谷亲自鉴别后，潘当即再三跪拜，敬慕不已。于是，苏轼禁不住谐趣地赋诗一首：

潘翁跪拜摩老眼，一生再见三叹惜。

了知至鉴无遁形，王家旧物秦家得。

苏轼也是藏墨大家，自称"吾有佳墨七十丸，而犹求取不已，不近愚耶"。宋神宗元丰元年（1078 年），苏轼四十三岁，时任徐州太守。其僚属徐州教授舒焕，经常与苏酬唱交往。当参观苏轼多年的藏墨时，他不禁惊叹收藏之丰，而且尽属精品，于是写诗致意。苏轼和诗《次韵答舒教授观余所藏墨》，其中有诗句：

一生当著几两屐，定心肯为微物起。

此墨足支三十年，但恐风霜侵发齿。

非人磨墨墨磨人，瓶应未罄罍先耻。

古人写字都用毛笔，文人吟诗作文，都得磨墨才能挥毫，所以古文人也多喜欢藏墨。罄：完成，用尽。罍：盛水的器具，研墨时使用。苏轼此诗大意是说，收藏那么多的墨，真正能用完几块呢？恐怕墨还没用完，人就先死了。"非人磨墨墨磨人"，文人长年磨墨为文，日夜绞熬脑汁，表面上看是人在磨墨，骨子里却是墨在磨人，人的一生都给墨磨掉了。此番感慨，可谓情至意切，发人深省。

尽管嘴上这么说，苏轼对墨的收集却从未停止。早年的时候他说自己藏好墨七十余块，后来说所藏到了一百多块，到写《书墨》一文的时候，储量已达几百块（"余蓄墨数百挺"）。可惜在从海南遇赦回廉州途中，苏轼所乘船只沉没，辛辛苦苦收集的两篑名墨全部沉入水底。后来他又从学生们那里弄来三块好墨，这三块墨一直陪伴着他直到去世。

对于一个整天吟诗作画的人来说，一块良墨实在重要，苏轼不仅竭尽所能收藏好墨，还想方设法自己制墨。

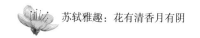

中国古墨的制造，约始于两千多年前的先秦时代，历经汉、唐，不断改进，取得长足发展，质量大为提升，到了明、清，则臻于最高峰，墨的产量与品质均达到空前的繁盛。苏轼诗文书画皆精，其于墨的研究、论述和鉴赏，极其精当，对丰富和发展宋代以至后世墨文化作出了自己卓越的贡献。

元符三年（1099 年），已是六十四岁高龄的苏轼再次贬官儋州。虽然日子过得极为清苦，乐观旷达的他却没有因此消沉，对墨的喜好也不减丝毫。一次苏轼结识了一个叫潘衡的卖墨人，聊得十分投缘，兴之所至，两人竟亲自动手在家里砌了一个墨灶，收集了一大堆松枝，开始做起墨来。由于一时不慎，夜里墨灶里的火蹿了出来，引起了一场火灾，险些让苏轼无家可归。扑灭大火后，苏轼从烧毁的墨灶中把残存的墨都收集起来，做成墨块，高兴地说："等时间一长，胶凝固了，这些墨应该不比李廷珪做得差。"

这一则趣闻，南宋叶梦得《避暑录话》里有记载，苏轼在《记海南作墨》中也写道：

乙卯腊月二十三日，墨灶火大发，几焚屋，救灭，遂罢作墨。得佳墨大小五百丸，入漆者几百丸，足以了一世著书用，仍以遗人。

　　儋州（今海南）天高皇帝远，苏轼闲暇时间较多，制墨的过程既可以一解心中苦闷，制墨成功的喜悦，也让晚年的苏轼得到些许心灵安慰。而且海南松树资源丰富，这就为他制墨提供了独特的条件。

　　在制作过程中，苏轼还发现制墨的一些有趣现象，如他在《书所造油烟墨》中所写："凡烟皆黑，何独油烟为墨则白，盖松烟取远，油烟取近，故为焰所灼而白耳，予近取油烟，才积便扫，以为墨皆黑，殆过于松煤，但调不得法，不为佳墨，然则非烟之罪也。"他以为只要是烟都是黑的，没想到油烟却是白的，经过试验，才知"松烟取远""油烟取近"，因为被火焰所烧而成白色，而且须调得法，才能做成好的墨。

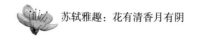

在宋代，制墨烟料主要是松烟，油烟墨的制造尚在摸索中。燃桐油取烟的技术要求很高，取烟稍迟，烟为火所灼，白而不黑。即便适时收取好烟，如果调剂不得法，亦非好墨。用桐油烧取好烟，并以善法制成佳墨，要到大约三百年后元末、明初才取得广泛成功，成为主要制墨材料。用桐油烟取代松烟造墨，除墨质优良外，亦甚为环保。苏轼的试验虽然未竟其功，但却为后世造墨采用油烟提供了宝贵经验。

与苏轼同时代的墨师潘谷，善制墨验墨，且为人尚义，甚得士庶好评，苏轼虽不识潘谷，亦对其人其墨赞不绝口，惊叹"妙手惟潘翁！"元丰年末，友人孙莘老寄墨，苏轼作诗四首，其一论潘谷墨法曰：

> 徂徕无老松，易水无良工。
>
> 珍材取乐浪，妙手惟潘翁。
>
> 鱼胞熟万杵，犀角盘双龙。
>
> 墨成不敢用，进入蓬莱宫。

全诗的意思是说，如果没有徂徕山中千百年的老松烧出来的好烟煤，易水一带就不会出现优秀的墨匠，强调优质松烟对制造好墨的重要性。乐浪那个地方虽然有上好的松烟，但因制不得法，不能造出佳墨。潘谷妙手予以改造，加入鱼鳔胶（能增黑），再杵墨剂以万计令熟透，就像犀牛角般细腻滑润，制出来的墨锭再装饰双龙花纹，乃绝妙好墨。好墨不敢轻用，唯有进献给皇宫里的天子。

　　在此，苏轼总结了潘谷的制墨经验，用好松烟，加入鱼鳔胶，再杵墨剂以万计，即得佳墨，后世业者多遵循之。对苏轼而言，制墨的过程也正是享受的过程，在不断的试制中，既掌握了制墨的规律，又得到了好墨，何乐而不为呢？

## 用墨和论墨

　　苏轼乃一代书法大家，成就居"宋四家"之首，书风姿媚肥腴，与其用墨大有关系。苏轼我行我素、追求意趣的个性，致使他偏爱浓墨重彩。他重浓墨的习性，使得他书法中

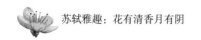

展现出雍容华贵的艺术特征和烂漫稚拙、古朴厚道之情趣。宋李之仪《跋东坡四诗》中评之："东坡捉笔近下，特善运笔，而尤善墨，遇作字，必浓研，几如糊，然后濡染。蓄墨最富，多精品。"

精妙的墨法对书作起着不可忽视的作用，用墨是苏轼书法的一大特色。他创作书画，喜用宣城诸葛笔、李廷珪制作的墨。苏轼喜欢卧笔作书，因此难免用笔厚重多肉，线条粗壮，以此来追求浓墨淋漓的效果。他的书法作品能把软毫与浓墨和谐统一起来，这是苏字创作的风格。

因当时的世风有种哗众取宠，只图骏快的陋习，于是他偏要反其道而行之，以做到不合众人口味为旨归，"别人用墨适中，他反浓稠"。苏轼善于变法，多创意：其书更为偏扁的体形，横向悠然展开的姿态，向右上方仰侧的取势特点，外柔内刚的力度，潇洒出尘的风韵，独到之处，形成鲜明、高逸的个性风格，以至超出同辈书家。这种偏扁的形体和浓重墨色的结合，正是批评了世俗那种浮夸的心态，失去了古代书法质朴自然的那种艺术精神，他曾说过"天真烂漫是吾师"。这种"天真"正是他所追求的，他希望能有一种简单淳朴的心态对待人生。

苏轼写字对墨的要求甚高，他曾说："世人论墨，多贵其黑，而不取其光。光而不黑，固为弃物。若黑而不光，索然无神采，亦复无用，要使其光清而不浮，湛湛如小儿目睛，乃为佳也。"这是他对墨的理解。苏字本肥、黑，那浓墨对视觉的冲击，如一股强大而内潜的爆发力，仔细反复地欣赏其作品，就能感受到他虽一生坎坷，但对生活充满希望，乐观而豁达。那如"目睛"的墨色正是显示他内心的强大，这也正体现艺术是性情的表现和内心的反映。

在藏墨、造墨和用墨的过程中，苏轼还以墨为喻，写下几十篇随笔，道出了因墨而发的人生感悟。

苏轼的一位老乡石扬休，字昌言。少孤力学，举进士。宋仁宗赵祯时，官至刑部员外郎，知制诰。其也有藏墨之好。不过，视所藏"廷珪墨"为心头宝贝，绝不许人磨用。苏轼《书石昌言爱墨》指出："石昌言蓄廷珪墨，不许人磨。或戏之云：'子不磨墨，墨当磨子'。今昌言墓木拱矣，而墨

159

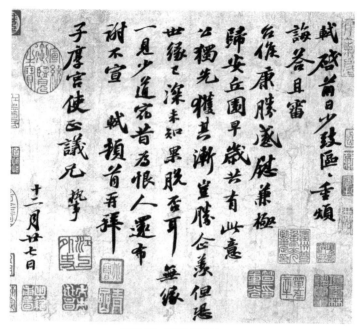

苏轼书法《归安丘园帖》

160

故无恙，可以为好事者之戒。"石昌言有藏墨之好，无磨墨之实，像"守财奴"一样地守候着那些冰冷的墨，美好光阴都被好墨之癖消磨殆尽，让人叹息。

文人爱墨，个人喜好，人之常情，石昌言爱墨却不磨，最终人亡墨存，岂不可笑。人生苦短，沧海桑田，有多少个日月能浪费，有多少个青春可以挥霍。如此讽喻，对于今天的我们又何尝不是呢？

苏轼还有一位好友李常，字公择，南康建昌（今江西永修）人，举进士。其虽属儒雅出身，却颇有戾气。宋神宗熙宁间，任齐州（治所今山东济南市）太守。上任半年，大开杀戒，砍掉群盗三百余颗头颅，"境内遂清"。偏偏其嗜墨成癖，采用的亦是非常手段，见墨就抢，夺为己有。朋辈好友无不被其搜了个遍，丝毫不讲斯文做派。苏轼在《书李公择墨蔽》中说："李公择见墨辄夺，相知间抄取殆遍。近有人从梁、许来，云'悬墨满室'。此亦通人之一蔽也。余尝有诗云：'非人磨墨墨磨人。'此语殆可凄然云。"

李公择好墨成癖，见墨就夺，好友被他搜索个遍，以至

人人敬而远之。虽然悬墨满室，但都是巧取豪夺而来，与当下一些手握公权者索取"雅贿"堪称异曲同工，这就超越了人情、道德和法度了，为人所不齿。癖好适度是种美，癖好过度便是病，甚至是罪，故"可以为好事者之戒"。

"非人磨墨墨磨人"从又一个角度反映了苏轼对癖好的认知。他认为人都会有些癖好，也应该有些癖好，因为癖好可以怡情、修身、养性，让人情绪平和，内心安定。不过，人不能不可理喻地去爱一个东西，不能为癖好所累，不能成为癖好的奴隶，不能因癖好而伤害他人，更不能因为癖好而逾越人情、道德甚至法度，否则，那就真是"非人磨墨墨磨人"了。

苏轼一生嗜茶，在一次斗茶比赛中，苏轼得"白茶第一"，司马光与他辩论，于是有了一段历史上有趣的"东坡与司马温公论茶墨"。苏轼在《记温公论茶墨》中如是写道：

司马温公尝云："茶与墨正相反，茶欲白，墨欲黑，茶欲重，墨欲轻，茶欲新，墨欲陈。"予曰："二物之质诚然，然亦有同者。"公曰："谓何？"予曰："奇茶妙墨皆香，是其德同也。皆坚，是其操同也。譬如贤人君子，妍丑黔皙之不同，其德操韫藏实无以异。"公笑以为是。

　　宋代斗茶，崇尚白色，在司马光看来，茶白墨黑，茶重墨轻，黑白分明。苏轼却认为，茶与墨只是表面对立，内质却是相通的。茶中有清香，墨中有书香，就像两个贤德之人，虽然可能一个面容俊朗，一个长相丑陋，但是他们都操守着同样的品德和节操。

　　如此看来，无论是爱茶还是爱墨，其中与它们美好宜人的品质有一定的联系。更有意思的是，茶与墨的真品质，离不开水的成就。茶，遇水而成千百滋味；墨，遇水而成万千情状。看似毫无相干的茶与墨，从此结下不解之缘。

　　苏轼的时代已经过去近千年，如今，饮茶依然是中国人的日常，用墨的人却少了，所幸，书籍从古至今一直是承载"墨"最多的事物。可以说，书成了墨的另一种意象，依然延续着墨的"君子之风"。

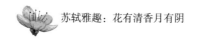

沸水煮茶，心是静的。品读书籍，思绪在无声的世界里激起千层浪。这可以说是另一种浪漫的"茶墨相生"，尽管茶重墨轻，轻重之间，更能品出真味。

在《书墨》一文里，苏轼则再借茶与墨，发出了"世间佳物，自是难得"的慨叹。

《书墨》精短，录之如下：

余蓄墨数百挺，暇日辄出品试之，终无黑者，其间不过一二可人意。以此知世间佳物，自是难得。茶欲其白，墨欲其黑；方求黑时嫌漆白，方求白时嫌雪黑：自是人不会事也。

《书墨》的精妙之处在于，寥寥数语，于人们司空见惯的熟事熟理的基础上，独辟蹊径，推论出一番令人耳目一新的深刻道理来。

"茶欲其白，墨欲其黑；方求黑时嫌漆白，方求白时嫌雪黑。"人对物的欲求标准常常因为追求至善至美之境，而超出了事物的本质属性，以至达到不近情理的程度。

　　苏轼对墨的爱好和收藏早已不是一般意义上的赏玩，在他的眼中，每一件墨都蕴含着人生道理。

　　苏轼是一个天真有趣的人，也是一个认真用心的人，好物而不役于物，善于在其中探求做人的道理，这才是他追求的最高境界。

第八卷

以文为业砚为田：苏轼与砚

"平生字画为业，砚为田。"苏轼一生访砚、藏砚、刻砚、赏砚，乐之终身不厌；平生所作砚铭近三十首，几占其全部铭文的一半；他所用砚，多流传人间，为世人所珍藏。

　　砚如其人，人如其砚。苏轼翰墨一生，爱砚成痴，或游心寓意，或托砚咏志，或劝勉讽喻，为后人留下了诸多因砚而生的艺林佳话。"君子可以寓意于物，而不可以留意于物"，痴心难改的苏轼，有时却又实在管不住自己。

## 不为砚痴，何以文豪

砚是文人最亲近的书写用具，多少鸿篇巨著、奇书名画，都起于这方寸之间。古人有"武夫宝剑，文人宝砚"之说，认为"文人之有砚，犹美人之有镜也，一生之中最相亲傍"。作为书斋案头朝夕以对的文房之宝，除了日常利用之外，砚还承载着文人们的审美情趣和内心观照，象征着他们的生活格调和生命理想。

历代文化巨匠，多为"砚痴"，皆以砚为伴、为友、为师。苏轼更嗜砚如命，曾说："我生无田，食破砚。"墨砚不分家，苏轼对砚的爱好，丝毫不逊于墨。

苏轼与砚初次结缘，是在他 12 岁的时候。那一年他跟伙伴们在自己家的空地上挖坑玩，结果挖出一块鱼形"异石"。此石呈浅绿色，上有银色细点，石质细腻温润，敲上去声音铿锵清脆，试着拿它当砚使，很容易发墨，只是没有

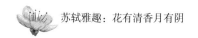

储水的地方。父亲苏洵说："这是一方天砚啊！具有砚的品质，就是形状不太完整罢了。"于是便用它凿磨了砚池交给了苏轼，并对他说："这是你文章发达的祥瑞之兆。"苏轼从此十分珍惜地使用它，并给它起名叫"天石砚"。

少时的激励，成为苏轼一生纵横文坛的起点，也是他爱砚、藏砚之路的开始，无论是得意或失意，一颗痴之心从未改变。后来苏轼因事下狱，全家人流离失所，书籍也丢失散乱。出狱后以为那方天石砚已经丢了，后来却偶然间在箱底发现了它。大喜之余，苏轼写了一篇《天石砚铭》，并把它交给儿子苏迨和苏过。铭文如下：

……

一受其成，而不可更。或主于德，或全于形。均是二者，顾予安取。仰唇俯足，世固多有。

……

在《天石砚铭》中，苏轼以砚为喻，表明心志：一旦接受了上天的造就，就永远不再改变初衷。或以品德为高，或要保全形体。如果两者都有，那我取法什么？仰人鼻息跪人脚下吗？这样的人世间太多了。

除此之外，苏轼《迈砚铭》中提到，当长子苏迈在24岁被朝廷任命为饶州德兴县县尉时，苏轼也将砚石当成临别赠礼，并在砚底刻上"以此进道常若渴，以此求进常若惊，以此治财常思予，以此书狱常思生"，勉励苏迈要有积极进取、求道若渴的精神，且日后为官管理财政时，须顾及施惠百姓；决断案情时，也要心存悲悯。这方石砚不仅饱含苏轼对儿子的厚望，期望他不忘初心，善始善终，做一个利国利民的好官，也刻铸了苏氏家族以"忠恕仁义"传家的家训。

苏轼以诗铭砚，用心可谓良苦。苏迈只要动笔，必先问砚，就会记起父亲的勉励与期望。苏迈没有让他的父亲失望，他公而为民，政绩卓著，两袖清风，受到黎民百姓的衷心拥戴。

苏轼还曾赠次子苏迨一砚，且为铭曰："有尽石，无已求。生阴壑，闷重湫。得之艰，岂轻授。旌苦学，畀长头。"

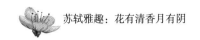

旌劝苏迈多念想求砚之艰，刻苦治学。苏轼晚年，又曾寄送侄子苏远名贵的龙尾石砚，并赋诗云"伟节何须怒，宽饶要少和。吾衰此无用，寄与小东坡"，指点苏远文章事业之艰、为人处世之道，以此勉进。

砚虽非铁磨难穿，心虽非石知其坚。砚如其人，人如其砚，苏轼一生因此爱砚成痴，痴心难改。也正因为如此，苏轼还留下了诸多因砚而生的艺林佳话。

元人陈秀明《东坡诗话录》里，收录有一则苏轼从好友米芾处"骗砚"的逸事。

米芾生有洁癖，但凡他手碰过东西后就要洗手，因此他的仆从经常手提装满清水的银壶跟在身后，随时伺候他洗手。他不用别人的东西，自己的东西别人也不准碰。米芾有一方御赐的砚台，名为"瑶池"，每次赏玩前，必先净手再膜拜后才可把玩。苏轼闻之后提出一观，米芾碍不过面子，只好同意，不过提出要苏轼净手之后还要膜拜才能观赏，苏轼一概同意照办。

待米芾请出"瑶池"御砚，苏轼一看就爱慕不已，赞美之词不绝于口，真想将之占为己有。苏轼一看书桌上有墨一锭，灵机一动，说道："不知这方砚台发墨如何，可否一试？"米芾不知是计，说道："发墨自然好，我去取水，你亲研一下便知。"米芾一走，苏轼连连向"瑶池"里吐了几口吐沫，拿起墨锭就研磨起来。米芾回来见此状，恶心得差点背过气去，大声呼道："胡子（苏轼昵称）坏吾砚矣！"一气之下，遂将"瑶池"送给苏轼。苏轼得了便宜还卖乖，说道："此是御砚，怎可送人？"米芾回道："污砚岂可复用？"执意相送。苏轼喜不自禁，连忙抱砚而归，并作诗纪念此次骗砚成功：

玉砚莹然出尚方，九重亲赐米元章。

不因咳唾珠玑力，安得瑶池得玉堂。

米芾的《紫金砚帖》，记录了他与苏轼嗜砚如命的逸事，帖曰：

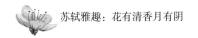苏轼雅趣：花有清香月有阴

苏子瞻携吾紫金砚去，嘱其子入棺。吾今得之，不以敛。传世之物，岂可与清净圆明本来妙觉真常之性，同去住哉。

帖文意思是说：苏轼嘱咐他的儿子，要把从我手里借走的"紫金砚"，装进他的棺材。我知道后赶紧把砚追回来，没有被陪葬。紫金砚是传世之物，岂可与人一起涅槃。

1101年，苏东坡从海南岛归江南，专程过真州（今江苏仪征）访米芾，为他所藏谢安《八月五日帖》题跋，并借走紫金砚。因受寒，一个多月后病逝于常州，临终曾嘱儿子以紫金砚陪葬。米芾嗜砚，又视此砚为"第一品"，虽与东坡有二十多年交情，仍舍不得，于是追回，并书此帖。苏轼与米芾都爱砚如命，但爱法不同，一个要一同下世，一个要一代代传世。

好砚成癖的苏轼，喜欢在砚上铭文，从而留下了三十多首砚铭，对端砚、歙砚、洮河砚、建州砚赞美有加，有的砚铭还别有情趣，如"千夫挽绠，百夫运斤，篝火下缒，以

174

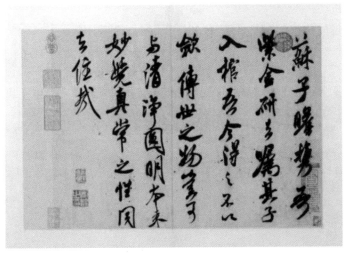

米芾《紫金砚帖》

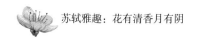

出斯珍"，生动地写出了采砚的过程和宝砚的难得。然而有的铭文却引出了风波，这就是苏轼与龙尾砚之间发生的一段趣闻。

苏轼爱砚不拘产地种类，只要是好砚他一定喜欢。人家拿砚来让他取名撰铭，他也欣然不拒。有一次有人拿了一块福建产的砚来找苏轼，请他给新砚取一个名字。苏轼看罢，发现这果然是一方上好的砚台，就给它取名为"凤味砚"；取了名还不过瘾，又在上面题铭，其中有"苏子一见名凤味，坐令龙尾羞牛后"一句。意思是说，苏轼我一看见这方砚就喜欢，给它命名为"凤味"，"凤味砚"一出，就连闻名海内的歙州龙尾砚跟它相比，也成了牛屁股。

铭文传出后，引起龙尾砚产地歙州人的极大不满。龙尾砚石产自歙州婺源（今属上饶）的龙尾山，当时已名满天下，其纹理美如丝罗，叩之声如振玉，贮水不耗，历寒不冻，发墨利笔，温润而坚劲。然而在铭文中，苏轼为了突出凤味砚，而将"龙尾砚"羞为"牛后砚"，如此戏说，怎不令歙州人愤愤不平？

无论如何，这句铭文得罪了歙州人，后来苏轼看中一方龙尾砚，歙州人就是不给他，还回敬说："何不使凤味石？"苏轼只好又写诗把自己骂了一通，说自己不会说话，口无遮拦。还写诗把龙尾砚大大赞扬了一番，说歙州砚石绝不是凡间的石头，它里面蕴藏了"金声玉德"，总之费了老大的劲，这才把龙尾砚弄到手。

苏轼曾论砚品高下说："砚之美，止于滑而发墨，其他皆馀事也。"所谓"君子可以寓意于物，而不可以留意于物"，苏轼于砚，或游心寓意，或托砚咏志，或劝勉讽喻，这是苏轼潇洒性情、旷达人生的一个写照，也是苏轼爱砚、蓄砚的基本态度。可是，爱砚成痴的苏轼，有时却又实在管不住自己。

元丰七年，苏轼曾用家传古铜剑换取好友张近龙尾子石砚。张近作诗，送砚返剑，苏轼作和诗，最后还是把剑送给了张近。第二天却又不无感慨地说："仆少时好书画笔砚之类，如好声色，壮大渐知自笑，至老无复此病。昨日见张君卵石砚，辄复萌此意，卒以剑易之。既得之，亦复何益？乃

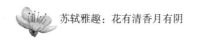

知习气难除尽也。"如此好砚"习气"，苏轼终其一生也未能尽除。

## 四大名砚慰平生

苏轼"平生字画为业，砚为田"，与砚几乎无时不打交道，一生访砚、藏砚、刻砚、赏砚，乐之终身不厌。好砚"如好声色"的他多方求砚，保有许多砚台精品，蓄砚盈室，枕砚而卧。宋代四大名砚，苏轼尽藏，他所用砚，多流传人间，为世人所珍藏。

歙砚为中国四大名砚之一，因产于古徽州歙县而得名，如今已有一千多年的历史。歙石石质优良，色泽曼妙，有"坚、润、柔、健、细、腻、洁、美"八德，石色碧玉，又具有不吸水、不拒墨、不损毫、贮水不涸、易洗涤等特点，享有"孩儿面""美人肤"之称。

对于歙砚，许多诗人毫不吝啬对它的赞美。南唐后主李煜说，"歙砚甲天下"；书法家蔡襄，偶得一方歙砚后喜吟道，"玉质纯苍理致精，锋芒都尽墨无声，相如闻道还持去，肯要秦人十五城"；米芾赞曰，"金星宋砚，其质坚丽，呵气生云，贮水不涸"。苏轼不但拥有多方歙砚，而且其种类也为数不少，有案可稽者就有龙尾砚、金星砚台、罗纹砚、卵石砚等。

一次偶然的机会，苏轼从杭州辩才僧人那里得到了一款五代十国时期的歙砚，砚石色如碧玉，纹理清晰妍丽，温润幼嫩，细腻滋润，发墨如油。苏轼见之欣喜若狂，高兴地作诗赞颂：

罗细无纹角浪平，半丸犀璧浦云泓。

午窗睡起人初静，时听西风拉瑟声。

在苏轼的耳里，研墨声如同拉琴声一样，娓娓动听。如此联想和比喻，道出了对歙砚的钟爱之情，爱砚、赏砚，如痴如醉。

"一方端砚，一两黄金"，端砚为四大名砚之一，历来

歙砚

为朝廷贡品，爱砚成痴的苏轼对于端砚的喜爱可想而知。在他与因砚而生的不解之缘里，还流传有一段感人至深的凄美故事。

绍圣元年（1094 年）十月，朝廷以"谤讪朝廷"罪名把苏轼贬谪到惠州，侍女们纷纷离去，只有王朝云形影不离。途经肇庆，面对闻名遐迩的端溪名（坑）砚，年迈的苏轼感慨万千。善解人意的王朝云心知苏轼所想，笑着对苏轼说："我们今天有幸来到端砚贡品的发源地，哪能放过这大好机缘呢？夫君您一定要带我们去产地看采石工如何采石，如何制作贡砚的过程呵。"

看着不离不弃的朝云，苏轼不禁叹道：知夫莫如妻啊！身旁随行的人也赞叹说："夫人不辞辛苦，万里追随，难得呀。"于是，苏轼一行人楫舟而行，顺西江水扬帆，一路饱览瑰丽山光水色，不久来到端溪砚坑开采原石料产地，目睹了采石工人的艰苦。

苏轼回到住所，当晚画兴大发，随即勾画了一幅缥缈迷人的蓬莱仙境。次日，苏轼以此画换来一块精致高雅的老坑

 苏轼雅趣：花有清香月有阴

端砚石料，并让一个端砚雕刻名家来制作。一个多月的精雕细琢后，一对老坑端砚送到了苏轼的手上。

据说，苏轼得到两块神形俱佳的端砚后，整天舞文弄墨，吟诗作对，每天晚上都要抱着它们才能入睡。有一次，苏轼指着自己的肚子问几个身边的随从人员："你们知道我这里有些什么呢？"一个答道："文采灿然。"另一个说是："见多识广。"还有一个开玩笑地说："有了三个月身孕吧。"王朝云在一旁抱腹而笑说："您满肚子经纶都不合时宜，才高八斗却不得志。"苏轼称赞道："知我者，朝云也！"

为此，苏轼特为王朝云赋诗一首，其中开头两句为："不似杨枝别乐天，恰如通德伴伶玄。"称赞她不为尘缘所羁。

苏轼爱砚如爱妻，将其中一块赠给了朝云，并亲手雕撰砚铭"濡沫朝爱，紫玉云拂"，取砚名为"六合砚"，寓意"百年好合，永结同心"。苏轼对朝云之爱尽在不言中。

绍圣二年（1095 年）七月，王朝云身染瘴疾病重不治，临终前两天，念念不忘端砚采石的艰辛，希望苏轼能再为另一块端砚赋诗一首，苏轼答应了。第二天早上，苏轼拿着刚

182

刻好铭文的端砚来到了朝云床前，平静祥和地诵道：

千夫挽绠，百夫运斤。篝火下缒，以出斯珍，一嘘而
泫，岁久愈新。谁其似之，我怀斯人。与墨为人，玉灵之
食。与墨为出，阴鉴为液。懿矣兹石，君子之侧。匪以玩
物，维以观德。

最后，苏轼将两块端砚合二为一，王朝云抱砚含笑
而终。

苏轼将她葬于西湖孤山南麓栖禅寺大圣塔下的松林中，
将"六合砚"随为陪葬品，并亲撰墓志铭。孤山栖禅寺和尚
筹款在墓前筑了一座纪念亭，因朝云是虔诚的佛教徒，苏轼
根据《金刚经》偈语"一切如有法，如梦幻泡影，如露亦如
电，应作如是观"，故取名为"六如亭"，亦与王朝云的"六
合砚"寓意相同。在端州这样一个盛产名砚的地方，苏轼和
王朝云的这一段动人故事，让端砚文化大放光彩。

四大名砚之中，澄泥砚不同于其他几种石质砚，它是以

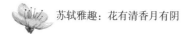 

清代竹雕苏东坡赏砚

千年沉淀的黄河渍泥为材料，经特殊炉火烧炼而成。唐宋之间，端、歙尚处初创阶段，人们评价澄泥砚为"砚中第一"。宋代李之彦《砚谱》载："虢州澄泥，唐人品砚以为第一，今人罕用。"

澄泥砚细腻坚实，形色俱佳，发墨而不损毫，滋润胜水，可与石质佳砚相比肩。这些优点，让它一诞生就受到青睐，在唐宋成为贡品，女皇帝武则天、大文学家苏东坡、书法家米芾等均钟爱澄泥砚。

澄泥砚的制作工艺流程到宋代已十分规制，并且出现了制砚的巧匠高手，其中最著名的为山西泽州的吕道人，他制作的澄泥砚最为有名，苏轼的《东坡题跋》中有这样一则记事："泽州吕道人澄泥砚，多作投壶样，其首有吕字，非刻非画，坚致可以试金。道人已死，砚渐难得。元丰五年三月七日，偶至沙湖黄氏家，见一枚，黄氏初不知贵，乃取而有之。"苏轼还保有一方精美的澄泥砚，为椭圆卧鹅形，鹅回首曲颈将嘴插入尾部羽毛内，眼朝上看，极尽平和安详神态，颈下浅刻一绺羽毛，整个身体做墨池，从左向右依次渐

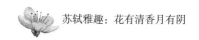

深。既便于贮墨，又便于搲笔，线条简练，造型准确。砚的背面刻阴识隶书砚名"鹅戏"，旁又阴识隶书"东坡居士轼"。此"东坡鹅砚"现为故宫博物院珍藏。此砚曾为雅好古玩的清代乾隆皇帝所宝，乾隆非常珍爱这方砚，为此特作七言绝句镌刻于侧面：

澄泥制砚肖鹅貌，背刻东坡想用之。

设以换群遗事论，斯人诚不愧研斯。

令人称绝的是，"东坡鹅砚"砚盒为紫檀木雕刻而成，盖面浅刻一鹅，与砚一致，刻工精细入微，尽显羽毛之质感。苏轼一生用砚追求别致新颖，甚至有些标新立异，反映了他的禀赋与性格，此砚便是其中之一。

洮河砚因甘肃洮河而得名，简称洮砚。洮砚石产于甘南藏族自治州卓尼县洮砚乡洮河之滨，精品常卧深潭水底，获之不易。洮河石石品高雅，多为淡绿泛蓝，晕点片片，酷似薄云晴天；石质温润如玉，叩之却无脆声，浑朴而无火气；

涩不损毫，滑不拒墨；发墨迅疾，久蓄不涸。洮砚在宋朝时已闻名全国，为历代皇家所珍藏，备受文人雅士青睐。如宋代诗人张之潜曾赋诗铭"明窗试墨吐秀润，端溪歙州无此色"；金代元好问诗中有"县官岁费方百万，才得此砚到临洮"的赞语等。

苏门四学士之一的黄庭坚亦是爱砚中人，他曾赠苏轼一方稀见的洮河石砚，苏轼为之刻铭曰：

洗之砺，发金铁。琢而泓，坚密泽。郡洮岷，至中国。弃于剑，参笔墨。岁丙寅，斗南北。归予者，黄鲁直。

洮河之石，虽开采艰辛，但于当地仍为常见，至中原后而能名声大振，何也？"洗之砺，发金铁。琢而泓，坚密泽"，质使然也。一方良砚在手，苏学士欢喜满足之情溢于言表。

# 第九卷

好物而不役于物：苏轼与收藏

"书中自有黄金屋，书中自有颜如玉"，对于当时大多数读书人而言，藏书也就成为人生的一大乐事。宋代文人藏书动辄上万卷，大文豪苏轼为何不藏书？

　　"君子可以寓意于物，而不可以留意于物。"对于收藏，最高境界就在于随缘而不强求，在收藏中获得乐趣，一味贪婪的结果势必为物所累，不能快意自足。苏轼的收藏之路以及超然物外的收藏理念，是其人格魅力的凸显，值得后人学习借鉴。

## 文豪为何不藏书

中国藏书文化历史悠久，蔚为大观，宋朝是古代私家藏书的兴盛期，这一文化盛事的出现，首先在于上层统治者对于文人和文化的足够重视，宋真宗赵恒就写有一首著名的《劝学诗》：

富家不用买良田，书中自有千钟粟。

安居不用架高堂，书中自有黄金屋。

出门无车毋须恨，书中有马多如簇。

娶妻无媒毋须恨，书中有女颜如玉。

男儿欲遂平生志，勤向窗前读六经。

其中"书中自有黄金屋，书中自有颜如玉"一语，早已成为流传久远的劝学经典名句，至今激励着莘莘学子，在

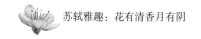

读书求知的道路上追逐着自己的人生梦想。勤学必须有书可读，对于当时大多数读书人而言，藏书也就成为人生的一大乐事。

除了顶层设计的良好氛围，印刷术的发明与发展，则有力推进了中国古代书业的发展进程，从而大大促进了私家藏书的繁盛。

唐代发明雕版印刷术之前，图书生产都是靠手工抄写，费工费时，生产速度很慢，到了北宋以后，随着雕版印刷的逐渐普及，流通数量大大增加，给私人藏书提供了很多资源。这个时期，私人藏书已成为社会上一个普遍的文化现象，藏书家人数大增。

北宋仁宗庆历年间，毕昇发明了以活字排版的印刷术，图书也就此进入了一个全新的时代，各种版本的古籍以及时人的著作，都大量印刷出版，许多文人亲自校对书籍，以正谬误，然后分类收藏，由此诞生了许多藏书名家。日盛的藏书之风，对宋人学识修养的提高，以及学术研究的进步，都起到了很大的推动作用。

两宋时期，藏书家有七百余人，藏书上万卷的有两百多人，藏书上三万多卷的有二十多人，到南宋宋明宗的时候，国家的藏书将近十二万卷。

苏轼幼时，恰遇这一图书的革命性时期，也为他日后"学通经史，属文日数千言"带来诸多的便利。他曾自述："余犹及见老儒先生，自言其少时欲求《史记》《汉书》而不可得，幸而得之，皆手自书，日夜诵读，惟恐不及。"在苏轼之前，老一辈的读书人想要读《史记》《汉书》这样的史籍都很不容易，煞费周章地借了回来，要赶紧抄录，然后夜以继日地诵读，生怕时间到了要把书还回去。但是，一生读书、到老不倦的苏轼，却没有像当时的许多文人名士那样，拥有充塞梁宇的藏书，可以坐读释道，卧读经史，甚至连一些常见的典籍也没有。

苏轼曾在《海上与友人书》曰："到此抄得《汉书》一部，若再抄得《唐书》，便是贫儿暴富。"自谓被贬谪到海南儋州以后，无书可读，只是在当地的士人家里抄录得了一本《汉书》，并想象要是再能抄到一本《唐书》，那种感觉就

明·张路《苏轼回翰林院图》局部

像是穷人于一夜之间暴富。其实，据陆游的《老学庵笔记》载，苏轼渡海至儋州的行李当中，就有好几箱的笔和墨。至于他宁可携带大量笔墨，而不是携书到孤岛上，可供随心所欲地阅读，一方面足见他的自信和旺盛的创作需求，另一方面也可见他并不竞尚风气，追随潮流而藏书。

在当时，许多文人名士都以藏书为时尚为乐事，私人藏书动辄上万卷。如晏殊之子晏几道，就以藏书多而闻名，以至于家道中落以后，每次搬家，他的妻子都要为搬书而烦恼。另外，江陵有个叫作田伟的小吏，在家里建有博古堂，藏书多达五万七千余卷。黄庭坚到他家里做客，看到他的藏书都惊呆了，叹曰："吾尝校中秘书，及遍游江南，名士图书之富，未有及田氏者。"黄庭坚的舅舅李常，为唐代皇室的后裔，他年轻时藏书读书的僧房，后被命名为"李氏山房"，藏书也多达九千多部。

宋代文人藏书动辄上万卷，大文豪苏轼为何不藏书？

处于这种大环境下的苏轼，也并非没有藏书之心，作为一代文豪，苏轼对书籍自然也是喜好有加。他收藏过的各类

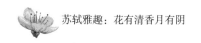

古籍善本曾不计其数，并时常捐献一部分。对于藏书，苏轼有自己的心得。

苏轼的《仇池笔记》载，唐太宗曾经花费重金购买晋人书帖，共收罗了王羲之、王献之父子在内的书帖千卷。武则天时，宠臣张易之兄弟从内府把这些书帖偷了出来，随后又散落在宰相王涯、张延赏的手里。"甘露之变"后，王涯为禁军所杀，他家里的金银珠宝都被洗劫一空，因禁军不识这些书帖的价值，故得以幸免。后来，苏轼在宋仁宗的驸马李玮都尉的家里，看到了这批谢尚、谢鲲、王衍等晋人的书帖，心里也非常喜欢。但是，一想到这些书帖的传承过程，简直就是招灾揽祸的根源，而且除了作为书架房舍里的装饰，用以炫耀人前，并没有其他的用处。因而，苏轼对这种貌为集古、实为矜奇立异的行为，也失去了兴趣。

后来，苏轼应朋友李常之请，为李常将"李氏山房"的藏书全部捐赠出来用作公益一事作记，又在文中阐述了自己的观点："自秦汉以来，作者益众，纸与字画日趋于简便，而书益多，士莫不有。然学者日以苟简，何哉？"意为自秦汉以后，著书立说的人愈来愈多，写字用的纸笔和字体也愈来愈简便简化，不论何地都可找到书读。可读书人却愈来愈草率马虎，这是什么原因呢？

接着苏轼又问："近岁市人转相摹刻诸子百家之书，日传万纸。学者之于书，多且易致如此，其文词学术，当倍蓰于昔人。而后科举之士，皆束书不观，游谈无根，此又何也？"乃指如今的印刷业发达繁盛，书籍得以大量流通，要找书读方便多了，按理说读书人的学问也应当比前人高出数倍才是。可是那些科举之士，却把书卷起来不读，反而闲谈不暇，言语浮夸，这又是为了什么呢？

借此两问，苏轼道出了时人藏书的几大弊病。一是浮慕时名，藏书只是为了获得名声，而非为了钻研学问。二是家中费尽心力收罗得来的藏书，从不阅读，全都束之高阁，只是为了在他人面前有吹嘘的资本。三是把藏书视为私产，不仅自己不读，书亦不外借他人，只是为了收藏而收藏。

应当说苏轼总结的这三点，确实击中了一些藏书人的软肋。而对于欧阳修和曾巩的藏书之举，苏轼是赞赏的。两

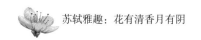

人藏书不仅数量大而且质量高，并且对这些书进行精心的校勘，要对这些书的来龙去脉，对书的品相和版本做研究。欧阳修不仅收藏前代留下来的书籍，而且收藏当代知名学者和作家的手稿。欧阳修有自己的书斋"非非堂"，曾巩也有自己的书屋"金不换"。在苏轼看来，他们真正发挥了藏书的积极意义。

清代藏书家张金吾说："欲致力于学者，必先读书；欲读书者，必先藏书。藏书者，诵读之资，而学问之本也。"又说："藏书而不知读书，犹弗藏也。"藏书不难，能读书为难；读书不难，能用为难。苏轼不追随潮流而藏书，也是他有定见、不盲从，尽量多做实事的人生态度的体现。

"腹有诗书气自华"，藏书固然重要，读书更重要，苏轼认为，为藏书而藏书，囤而不读，徒增累赘。正是因为孜孜以读，"腹有诗书"，遭遇种种人生失意和困窘的苏轼，才表现出了足够的生命定力和精神张力，始终乐观豁达，穷且益坚，不坠青云之志，这才真正是一个读书人的修为和风骨。

身处一个繁盛非常的藏书时代，苏轼泰然处之，不羡时尚，随遇而安，好书而不役于书。

## 收藏无小事，怡情方为真

苏轼父亲苏洵是一位大收藏家，藏品的数量、品种和质量可与公卿匹敌，从小在父亲熏陶下的苏轼，耳濡目染中也喜欢上了收集奇珍异宝，其收藏比起父亲有过之而无不及。他的收藏也十分宽泛，书画、木石、砚墨等，可以说只要喜欢的，无所不收，曾言："仆少时好书画笔砚之类，如好声色。"有关苏轼收藏的雅趣和逸事，史上多有记载，如下略举数例。

为了得到自己的藏品，苏轼通过各种方式和途径进行搜寻。在宋代，经济得以进一步发展，商品交易频繁，从张择端的《清明上河图》中可以看出当时的交易盛况。繁荣的市场交易产生了牙侩，也就是艺术品的中介人，古玩的交易时常会通过中间人进行。如北宋的《图画见闻志》就记载黄筌的画通过中介人牙侩出售的经过：

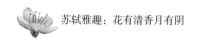

张侍郎（去华）典成都时，尚存孟氏有国日屏扆图障，皆黄筌辈画。一日，清河患其暗旧破损，悉令换易，遂命画工别为新制，以其换下屏面迫公帑所有旧图，呼牙侩高评其直以自售，一日之内，获黄筌等图十余面。

苏轼有很多藏品就是通过中间人获得的，还有许多藏品是通过购买而来，在其《四菩萨阁记》中写道：

长安有故藏经龛，唐明皇帝所建，其门四达，八版皆吴道子画……客有以钱十万得之以示轼者，轼归其直，而取之以献诸先君。先君之所嗜，百有余品，一旦以是四版为甲。

由此我们可知，苏轼足足花了十万钱，才硬是从别人手中把画购买回来。材料上所指的四达八版上的菩萨像是唐吴道子亲笔所绘，苏轼想到父亲一定喜欢，于是便买下送给他。

不仅如此，苏轼一生为官，交游广泛，因此有些收藏品是别人赠送而来的。在宋代文人士大夫之间流行互赠礼品，这些礼品往往由可以充当藏品赏玩的东西构成。他曾在文中写道："张安道以遗子由，子由以为轼生日之馈。"这是说张安道把一个石鼎送给了苏辙，在苏轼生日的时候，苏辙作为贺礼又赠给了苏轼。张安道即张方平，北宋名臣，三苏同考进士时，一起去拜会的就是他，之后张安道又把他们推荐给了欧阳修。

又如苏轼十三四岁的时候，写有一篇《却鼠刀铭》，其中有文字写道：

野人有刀，不爱遗余。长不满尺，剑铗之余。文如连环，上下相缪。错之则见，或漫如无。

这是说苏轼在乡村农夫家看到一把古刀，农夫对刀并不感兴趣，就把它赠给了苏轼，苏轼高兴地"宝而藏之"。

苏轼是一个具有开拓精神的收藏家，对于奇异的东西不

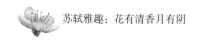

仅注意搜集，还非常注重到田野进行探寻发掘。在《顺济王庙新获石砮记》有载：

建中靖国元年四月甲午，轼自儋耳北归，舣舟吴城山顺济龙王祠下。既进谒而还，逍遥江上，得古箭镞，棠锋而剑脊，其廉可剒，而其质则石也。

不仅如此，动手能力强的他甚至还仿制藏品。如他收藏的《三马图》，此图为苏轼邀请李公麟为朝廷的三匹骏马所画的，后来苏轼让人仿画并藏于家。出于对藏品的喜好，苏轼通过仿制来满足收藏情趣，一时传为佳话。

苏轼对收藏是行家里手，在收藏理念上也颇有心得。他在《宝绘堂记》一文中回忆说：

始吾少时，尝好此二者，家之所有，惟恐其失之，人之所有，惟恐其不吾予也。既而自笑曰：吾薄富贵而厚于书，轻死生而重于画，岂不颠倒错缪失其本心也哉？自是不复好。见可喜者虽时复蓄之，然为人取去，亦不复惜也。譬之烟云之过眼，百鸟之感耳，岂不欣然接之，然去而不复念也。于是乎二物者常为吾乐而不能为吾病。

　　苏轼这是在说，自己年少的时候，曾经特别喜好书画这两样东西。家里所有的都担心失去，别人所有的又担心得不到。后来苏轼渐渐明白了：自己如此看轻富贵而看重书画，看轻生死而看重书画，岂不也是厚薄轻重颠倒错误，丧失了自己的本心吗？从这以后，苏轼就有了根本的改变，看见喜欢的书画，虽然也想再收藏它，然而被人取走了，也不再感到可惜。从此视藏品为过眼烟云，百鸟感耳，只有快乐没有烦恼，等到藏品消失之后也不再像从前一样记挂它了。如此愉快地进行收藏，于是书画二物带给他的常常是快乐而不再会成为一种祸害了。

　　"凡物皆有可观。苟有可观，皆有可乐。"对于收藏，最高境界就在于随缘而不强求。苏轼《石氏画苑记》中还记

明·曾鲸《苏文忠公笠屐图》

述了一位叫石康伯的收藏家，说他居京师四十年，从不骑马出入闾巷，"耳目谖谖然，专求其所好"，意为耳朵竖起，眼睛雪亮，单关心周围是否有他喜欢的东西。"遇有所见，脱衣辍食求之，不问有无"，如果恰巧发现，那么他即使典卖衣物、忍饥挨饿，也要把藏品收入囊中。苏轼评曰：此"乃其一病"，他认为在收藏中获得乐趣，才最重要，而不是把藏品进行占有，这种贪婪的结果势必为物所累，不能快意自足。如他在《宝绘堂记》中所言：

君子可以寓意于物，而不可以留意于物。寓意于物，虽微物足以为乐，虽尤物不足以为病。留意于物，虽微物足以为病，虽尤物不足以为乐。

用心收藏的同时，他也鼓励把收藏品用于公益。苏轼的好友李公择，年少时在庐山五老峰下的白石庵读书，后来离开了，就把九千余卷藏书留在僧舍中，人称"李氏山房"。我国古代，尤其是唐宋时期，寺庙常用空房接纳贫寒的士子

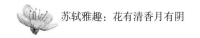

攻读，因此"李氏山房"就有点类似于现代小型公共图书馆。苏轼在《李氏山房藏书记》中称赞李公择道："是以不藏于家，而藏于其所故居之僧舍，此仁者之心也。"苏轼极力夸赞李常捐赠藏书、以遗来者的义举，鼓励有志读书的人，要奋力进取，有所作为。

"不以物喜，不以己悲"，苏轼的收藏之路以及收藏观念是其人格魅力一种外显，有其独到借鉴之处。收藏无小事，怡情方为真，苏轼在其《超然台记》《墨妙亭记》《宝绘堂记》《墨宝堂记》以及《李氏山房藏书记》中曾多次表达了自己超然于物外的收藏理念，如他在《超然台记》中如是写道：

夫所为求福而辞祸者，以福可喜而祸可悲也。人之所欲无穷，而物之可以足吾欲者有尽，美恶之辨战乎中，而去取之择交乎前。则可乐者常少，而可悲者常多。是谓求祸而辞福。夫求祸而辞福，岂人之情也哉？物有以盖之矣。

哲人老子曰："五色令人目盲，五音令人耳聋，五味令人口爽，驰骋畋猎令人心发狂。"苏轼这是在告诫世人：人的欲望是无穷的，而能满足我们欲望的东西却是有限的。如果美好和丑恶的区别在胸中激荡，选取和舍弃的选择在眼前交织，那么能使人快活的东西就很少了，而令人悲哀的事就很多，这叫作求祸避福。追求灾祸，躲避幸福，难道是人们的心愿吗？这是外物蒙蔽人呀！

好物之心，人皆有之，超然于物外，则无往而不利，一味囿于贪欲，终将为外物所累。诚哉斯言！

第十卷

雪似故人人似雪：苏轼与雪

苏轼爱雪，在他坎坎坷坷的人生旅程里，写下了太多有关雪的诗词。这一片片从天而降的雪花，承载了他太多的命运悲欢和人生忧喜。那些因雪而起的美丽文字，无一不让人心生感慨，备受生命的启迪。

　　诗言志，雪寄情，这些生趣盎然的文字，伴随他一路走来，是诗人漂泊人生和高洁心灵的表达，也是他专注百姓疾苦、心系民生的真切见证。

## 《雪堂记》：筑堂栖身，绘雪明志

　　元丰二年（1079 年），苏轼因"乌台诗案"被贬谪黄州，任团练副使一职。所谓团练副使，不仅有官无职，不能签署文书，还不得出黄州地界，没有完全的人身自由。从名动京师到忽然落得如此境地，苏轼心里的落差可想而知。

　　而更为严重的是，被朝廷贬谪的官员，也无权享受地方提供的住宿待遇，安身之处没有了。次年二月，苏轼到达了黄州，住进了位于黄州东南的古刹定慧院，曾写有一首《卜算子·黄州定慧院寓居作》，其中有"拣尽寒枝不肯栖，寂寞沙洲冷"之语，表达了自己当时郁闷失落的心境。

　　五月，苏辙护送苏轼家眷也来到了黄州，在黄州太守徐君猷的帮助下，一家人二十余口挤进了江边一个废弃的驿站——临皋亭。

　　在初到黄州的日子里，徐君猷提供了很大的帮助，苏轼

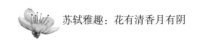

因此得以顺利度过了人生中那一段最艰难的时光。有时候，苏轼甚至认为临皋亭是美的，有他写下的一篇《书临皋亭》为证：

东坡居士酒醉饭饱，倚于几上。白云左缭，清江右洄，重门洞开，林峦坌入。当是时，若有思而无所思，以受万物之备，惭愧！惭愧！

在苏轼的眼里和心里，那缭绕的白云，那回漩的江水，那映入眼帘的树木山峦，都是美的。置身此情此景，他仿佛忘却了一切，什么都可以想，什么都可以不想。面对大自然的这份馈赠惠泽，他竟然要心生惭愧和感恩了！

这样的旷达与可爱，也只有那些认清生活的真相后依然热爱生活的人才会有。

因家人人口众多，苏轼的朋友们也不时来此相聚，临皋亭那座小小的驿站就显得颇为局促，寻地另建他处就日益紧要，于是，从此就有了历史上著名的"雪堂"。

雪堂，坐落于黄州城东门外，那里原是一片废弃的营地，在这块杂草丛生的地方，为了生计，苏轼携家人齐力开垦出来一块土地，以期自己动手，丰衣足食。

这一年的冬天，黄州下起了鹅毛大雪，雪稍霁，苏轼开始在这一片名之为"东坡"的土地上筑造房屋。屋子建成于来年二月，黄州再度大雪纷飞，苏轼兴致很高，给这几间茅草屋起了个很好听的名字：雪堂。这似乎还不过瘾，他索性将四房屋壁都画上了雪景，"环顾睥睨，无非雪者"，以明其"洁白如雪"的心志。

雪堂有房五间，为苏轼一家居住躬耕之所，从此，苏轼也自称为"东坡居士"。当然，从此之后，"苏东坡"三个字将举世闻名、妇孺皆知！

事后，苏轼写了篇《雪堂记》以记之，其首段曰：

苏子得废圃于东坡之胁，筑而垣之，作堂焉，号其正曰雪堂。堂以大雪中为之，因绘雪於四壁之间，无容隙也。起居偃仰，环顾睥睨，无非雪者。苏子居之，真得其所居

 苏轼雅趣：花有清香月有阴

者也。

文章开篇简单而概括地叙述了屋堂的位置和得名，紧扣一个"雪"字，由筑堂于大雪之际而绘雪于四壁，由绘雪四壁到所见无非雪者，寥寥几笔展示出了一个白雪的世界。在此基础上，由物及人，自然道出了苏轼久藏心底的感叹："苏子居之，真得其所居者也。"

是的，"乌台诗案"对他的打击太大了，他或许真的需要这样一处洁白无瑕的世界来修养身心，需要这样一个"山高皇帝远"的地方来调整今后的人生方向。虽然野山荒坡，生存环境的确差了点，但境由心造，只要曾经的梦想还在，就可以让以后的人，生活成自己想要的样子。

是的，生活不仅只有眼前的苟且，还有诗和远方，这一句让人怦然心动的现代流行语，或许更契合于当年的苏轼。

的确，苏轼没有让自己失望，也没有让天下人失望，他活成了自己喜欢的样子，更活成了世人喜欢的样子。

正是从黄州开始，苏轼变成了"苏东坡"，开始用心打

214

造自己当下的生活，如他在《雪堂记》中所言：

> 雪堂之前后兮，春草齐。雪堂之左右兮，斜径微。雪堂之上兮，有硕人之颀颀。考盘于此兮，芒鞋而葛衣。把清泉兮，抱瓮而忘其机。负顷筐兮，行歌而采薇。

春草斜径，清泉竹林，芒鞋葛衣，行歌采薇，这其中当然还要有自己喜爱的美酒和美妇人相伴。这哪里是在戴罪贬谪，分明是在逍遥修仙！

无论如何，苏轼贬黄州后，垦荒坡，筑雪堂，过起了旷达自由的生活。他在写给堂兄子安的信中说：

> 作草屋数间，谓之东坡雪堂，种蔬接果，聊以忘老。

他还在另一封书信中说：

> 谪居于黄，五年，治东坡，筑雪堂，盖将老焉，则亦黄

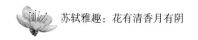

人也。

一云"忘老"，一云"养老"，苏轼此时此地的心境可
见一斑。但几乎与此同时，苏轼在这里又接连写出了《念奴
娇·赤壁怀古》《前赤壁赋》《后赤壁赋》等一批脍炙人口的
传世佳作。由此可见，苏轼的内心仍时时激荡着痛苦和矛
盾，千古豪情与现实的困顿同在，他在出世与入世的路口徘
徊不定。他痛恨"此身非我有"而想寄余生于江海，现实却
又紧紧把他系拴；他想筑堂养性，内心偏又有一股汹涌澎湃
的豪情。

是堂之作也，吾非取雪之势，而取雪之意。吾非逃世
之事，而逃世之机。吾不知雪之为可观赏，吾不知世之为可
依违。性之便，意之适，不在于他，在于群息已动，大明既
升，吾方辗转，一观晓隙之尘飞。

最后，苏轼点明自己筑雪堂、绘雪景，不是取雪之势

而是取雪之意，不是逃世之事而是逃世之机，其根本的意义
只是在于追求一种"性之便，意之适"的自由人生的境界。
因而它既不是一般意义上的"入世"，也不是一般意义上的
"出世"，这便是苏轼所推崇的人生理想。

　　"惊起却回头，有恨无人省。"或许，"乌台诗案"依然
让他心有余悸，或许，文人士大夫的家国情怀依然让他"三
省其身"，或许，正如同一时代的范仲淹《岳阳楼记》所
写，他们都在扪心自问："是进亦忧，退亦忧，然则何时而乐
耶？"筑堂栖身，绘雪明志，这篇《雪堂记》正是苏轼复杂
内心世界的独白。

　　雪堂，一个建在"东坡之胁"的茅草农舍，一个落成
于大雪纷飞之中的安身之所，一个四壁皆被绘成雪景的精神
家园。雪堂，因为一个人的到来而生，更因为一个人的存在
而青史留名。无疑，这个灿烂而鲜活的生命，就是苏轼。从
此，世人更愿意称他为"苏东坡"。

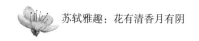

## "雪泥鸿爪"总关情

对于这位天才的大家，王国维曾有一句赞语："三代（夏商周）以下诗人，无过屈子、渊明、子美、子瞻者。"苏轼爱雪，每到一处，只要有雪，就会诗兴大发，留下许多意境悠远的雪诗，这些生趣盎然的文字，伴随他一路走来，是诗人漂泊人生和高洁心灵的表达，也是他专注百姓疾苦、心系民生的见证。

如下，我们不妨循着苏轼的人生足迹，领略一下诗人笔下那些因雪而生的美丽文字。

宋神宗熙宁七年（1074 年）的秋天，39 岁的苏轼由杭州通判调任密州知州，在密州两年多的时光里，苏轼写过多首"雪"诗。

苏轼十一月到任密州时，正是寒冬季节，而此前夏天值蝗灾泛滥，百姓收成不好，到任初始，便写下《雪后书北台壁二首》：

## 其一

黄昏犹作雨纤纤，夜静无风势转严。

但觉衾裯如泼水，不知庭院已堆盐。

五更晓色来书幌，半夜寒声落画檐。

试扫北台看马耳，未随埋没有双尖。

## 其二

城头初日始翻鸦，陌上晴泥已没车。

冻合玉楼寒起栗，光摇银海眩生花。

遗蝗入地应千尺，宿麦连云有几家。

老病自嗟诗力退，空吟冰柱忆刘叉。

诗中的北台，指超然台，在今山东诸城县北城上。第
一首写从黄昏到第二天天亮，彻夜雪飘的情景；第二首继写
在北台观雪景的所见所感，隐含着怀才不遇之意。而大雪灭

蝗，麦子得雪覆盖则来年会长得茂盛，眼前这场大雪预示着来年的丰收，表达了诗人对丰收的希冀和期盼。自古"瑞雪兆丰年"，在《出城送客不及步至溪上二首》里，苏轼写出了"今年好风雪，会见麦千堆"的名句，同样表达了对丰收的祝愿和民生的关切。

熙宁九年（1076 年）冬，苏轼奉诏离密州移知河中府（今山西省永济县）。他冒寒上路，于年除日赶到潍州（今潍坊市），因大雪相阻，在石佛寺投宿一夜。第二天是熙宁十年（1077 年）大年初一，雪过天霁，苏轼偕眷启程。但是到达青州时，又下起了雪。为此，他赋诗一首，题为《除夜大雪留潍州元日早晴遂行中途雪复作》，以记此行：

除夜雪相留，元日晴相送。

东风吹宿酒，瘦马兀残梦。

葱昽晓光开，旋转余花弄。

下马成野酌，佳哉谁与共。

须臾晚云合，乱洒无缺空。

鹅毛垂马鬣，自怪骑白凤。

三年东方旱，逃户连敧栋。

老农释未叹，泪入饥肠痛。

春雪虽云晚，春麦犹可种。

敢怨行役劳，助尔歌饭瓮。


"下马成野酌，佳哉谁与共。"羁旅之中，诗人没有贪恋雪后初晴的美景，也没有抱怨行役的艰辛，他更关心是连年遭受蝗旱灾害的农民的疾苦。在这新年最重要的节日里，诗人不是叹息新年家人无法团聚的悲凉寂寞，而是为晚来的雨雪欣喜歌颂，希望瑞雪预兆着丰年，使连年遭受蝗旱灾害的农民得到安乐，悲天悯人的情怀令人感动。

苏轼奉旨调离密州，于熙宁十年正月底到济南。苏轼初过济南，其好友李常（字公择）正在齐州知州任上，苏轼与李常策马畅游龙山，苏轼作《答李公择》相送：


济南春好雪初晴，才到龙山马足轻。

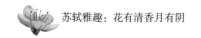

使君莫忘雪溪女，还作阳关肠断声。

阳春白雪，景色宜人，正如老舍先生在《济南的冬天》所写"最妙的是下点小雪呀"，苏轼这一句"济南春好雪初晴"也流传至今，几乎成了济南春天的一张亮丽名片。

此次苏轼在济南并未能见到分别已达七年之久的胞弟苏辙，苏辙已于此前的十月因公务返京。苏辙临行前，令三个儿子负责迎接伯父。因为济南景色优美，子侄接待用心，苏轼这趟济南之行心情愉悦。十年之后，苏轼依然对当时的情景记忆犹新，并作《将至筠先寄迟适远三犹子》诗曰：

忆过济南春未动，三子出迎残雪里。
我时移守古河东，酒肉淋漓浑舍喜。

"春未动""残雪里"，而雪将融，时将逝，眼前的一切虽然让人无比留恋，一生忙碌漂泊的诗人却又要出发了。

万顷风涛不记苏，雪晴江上麦千车。但令人饱我愁无。

翠袖倚风萦柳絮，绛唇得酒烂樱珠。尊前呵手镊霜须。

这首《浣溪沙·万顷风涛不记苏》，是元丰五年（1082年）冬，苏轼被贬黄州，太守徐君猷来访，两人在筵席上开怀畅饮，第二天酒醒之后，苏轼见大雪纷飞有感而作。

这首词主要写雪中的感受以及联想。上片写词人酒醉之后依稀听见风声大作，苏醒过来，却未把自己在苏州为风灾荡尽的田产记挂心上，待到天明，已是一片银装世界。词人立刻从雪兆丰年的联想中，想象到麦千车的丰收景象，而为人民能够饱食感到庆幸。下片回叙前一天徐君猷过访时酒筵间的情景。歌伎的翠袖上萦绕着随风飘来如同柳絮般的雪花，她那红润的嘴唇酒后更加鲜艳，就像熟透了的樱桃。酒筵歌席间，词人呵着发冻的手，捋着已经变白了的胡须，思绪万端。

苏轼一贯关心和同情民生疾苦，对北宋王朝"取之无术，用之无度"的政策所造成的民穷役重的状况极为不满。

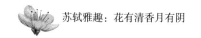
苏轼雅趣：花有清香月有阴

他谪居黄州躬耕东坡，垦辟之劳使他进一步体会到"湿薪如桂米如珠"的民生疾苦，而写下这首小词。全词境界鲜明，形象突出，情思深婉，收到了言已尽而意不尽的艺术效果，成为写雪词中的妙品。

元丰八年（1085 年）十月二十日，苏轼接到了要他进京担任礼部员外郎的任命，随即告别登州，取道莱州，途中又留下一篇有"雪"的诗作——《过莱州雪后望三山》，其中写道：

东海如碧环，西北卷登莱。

云光与天色，直到三山回。

我行适冬仲，薄雪收浮埃。

海天一色，雪光云影共徘徊，苏轼作别齐鲁大地，一路向西，踏上回京的路程。

"人生到处知何似？应似飞鸿踏雪泥。"这千年传诵的文字，出自于苏轼 26 岁时写下的一首诗《和子由渑池怀旧》。

224

是的，人生随处漂泊好似什么？应当似那飞行途中的鸿雁暂时歇息在雪泥上，留下了些许痕迹，无论困顿酸楚，还是得意欢欣。"雪泥鸿爪"，这四个字宿命般地成为苏东坡一生的写照。

嘉祐六年（1061 年）十一月，苏轼被任为凤翔府（今属陕西）签判，苏辙送行到郑州，他忆起在自己 19 岁那年，与兄长进京应试，同住于渑池僧舍，题诗壁上，如今兄长赴任途中又要经过故地，苏辙心中有无限感慨。在分手回京时，苏辙作《怀渑池寄子瞻兄》，赠予苏轼：

相携话别郑原上，共道长途怕雪泥。

归骑还寻大梁陌，行人已度古崤西。

曾为县吏民知否？旧宿僧房壁共题。

遥想独游佳味少，无言骓马但鸣嘶。

苏辙诗中大致是说，当时送你的路上，下了雪真不好走。我到汴京时候，你已经往西穿过了古崤山。咱俩在渑池

儋州东坡居士塑像

寺庙的客房住宿，都往墙壁上题了诗还记得吧。这回你独身一人赶路，不免孤单了点，只有马儿的陪伴。

分手后苏轼再度行经渑池，则以这首《和子由渑池怀旧》与之相和，诗云：

人生到处知何似？应似飞鸿踏雪泥。

泥上偶然留指爪，鸿飞那复计东西。

老僧已死成新塔，坏壁无由见旧题。

往日崎岖君记否？路长人困蹇驴嘶。

苏轼的文字构筑了一串画面：空旷的野外，雪后初晴，一群大雁在水边小憩，随即振翅高飞，消失在模糊的天际。地上大雁停留过的地方，雪水形成了泥泞，满是大雁的爪印。另一幕影像，则是兄弟两人借宿的寺庙早已残破，墙壁上的诗已经看不到了，老和尚也已故去，塔林里又起了一座新塔。最后是一个行人骑驴行走在崎岖的山路上，只有驴儿的嘶鸣在山谷中回响。

苏轼雅趣：花有清香月有阴

"雪泥鸿爪"是我们常用的成语，描述飞鸿落在半融的积雪上，虽然留下了爪印，但很快就会消失，只余化为雪水的回忆。如果说人生的奔波，就像大雁的迁徙，而世事无常，所有的一切却不会消失得不留一丝痕迹。苏轼当年才二十多岁，也是第一次去外地为官，却以他独有的清逸脱俗的笔法写下了这番感叹。

清风明月都是诗，雪泥鸿爪总关情。或许，诗人伟大的地方，就在于化个人的感怀为普世的情怀，把自己亲身经历的情景，上升到诗的高度，让所有读到这些文字的人，同样感到弥漫在天地间的情怀。时光易逝，尘世苍茫，往事并不如烟。那些曾经的过往，从来都不需要想起，也从来不会忘记，它们早已经成为你生命的一部分。

苏轼的一生都在奔波，在大半个中国留下了"雪泥鸿爪"般的记忆。"雪泥鸿爪"容易消失，但苏轼写于千年之前的诗，却是一位天才的诗魂永留世间的痕迹。这样的文字提醒我们，生命的意义就在那一点一滴的"雪泥鸿爪"之中。

228

第十一卷

何事长向别时圆：苏轼与月

月，是千古文人不倦歌咏的对象，苏轼对月尤其情有独钟。读苏轼，不能不读他笔下的月。

　　在苏轼的笔下，天上的那一轮明月早已经被完全人格化了。月是他灵魂的化身，是他抒情写意的重要意象。他笔下的月，常常渗透着对人生、宇宙哲理的思考，透露出缥缈灵动的气息。

　　皎皎明月，悠悠我心。时空已经转换千年，每当吟诵苏轼这些佳作时，我们仿佛又穿越了时空，置身其境，感同身受。

## "中秋谁与共孤光"

苏轼笔下的月意象万千，意蕴丰富。中秋月是他一生情感历程的见证，或象征团圆，或寄托思念，或书写自我身世，伴他从豪情壮志的青年到参透人生的垂垂老者。其人生历练和思想的转变，从他的几首中秋诗词中可见一斑。

公元 1073 年，苏轼时任职杭州通判。这一年的中秋之夜，皓月当空，霜风撩面，杭州城万人空巷，前来钱塘观潮，苏轼乘兴作《八月十五日看潮五绝》，内含五首，其一如下：

定知玉兔十分圆，化作霜风九月寒。

寄语重门休上钥，夜潮流向月中看。

"月到中秋分外明"，这一年中秋，适逢晴朗，诗人预知

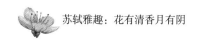

月亮会很圆，虽然江潮欲来，秋风已带着九月的清寒，心情也格外欣喜，因此虔诚地寄语九重天门请不要上锁，因为他要留住月色把夜潮观看。

月色如洗，江流澎湃，临风赋诗，此乐何极！

然而，让人想不到的是，不久以后，这组五绝诗就给苏轼带来了麻烦和灾难。给他带来厄运和不幸的，是其中的第四首：

吴儿生长狎涛渊，冒利轻生不自怜。

东海若知明主意，应教斥卤变桑田。

清代著名诗人查慎行在《苏诗集注》中注引说，苏轼写在杭州安济亭上的这组五绝，"前三首并无讥讽，至第四首言弄潮儿贪官中利物，其间有溺而死者，故朝廷禁断。又谓主上好兴水利，不知利少害多，正如斥卤之地变为桑田，为事之必不可成者"。无论如何，后来的"乌台诗案"，这首诗成为苏轼谤议朝廷的罪证之一，诗人的仕途和人生就此陡然改观。

木秀于林，风必摧之。欲加之罪，何患无辞？天才高俊且"一肚子不合时宜"，这是苏轼人生的劫和命。

在苏轼写月的诗篇中，作者怀念最多的，可能就是他的弟弟苏辙了。1076 年 11 月，苏轼由杭州通判调任密州太守，与胞弟苏辙分别之后，转眼已七年未得团聚了。这一年的中秋，皓月当空，银辉遍地，面对一轮明月，苏轼心潮起伏，酒兴正酣，挥笔写下了千古名篇《水调歌头·明月几时有》：

明月几时有？把酒问青天。不知天上宫阙，今夕是何年。我欲乘风归去，又恐琼楼玉宇，高处不胜寒。起舞弄清影，何似在人间。

转朱阁，低绮户，照无眠。不应有恨，何事长向别时圆？人有悲欢离合，月有阴晴圆缺，此事古难全。但愿人长久，千里共婵娟。

词前的小序交代了写词的过程："丙辰中秋，欢饮达旦，大醉。作此篇，兼怀子由。"对明月的向往之情，对人间的眷恋之意，对离情的无限怀念，对现实的隐约埋怨，浪漫豪放的胸怀，行云流水的语言，正如当头的那一轮明月，荡人心肠。

"中秋词自东坡《水调歌头》一出，余词尽废。"宋人胡仔的一句赞语，胜过千言万语。

此后不久，苏轼又由密州调任徐州太守，公元1077年，终于得以与阔别七年的弟弟苏辙相逢，并共同生活了一百多天，更难得的是他们共同度过了一个中秋节。月色溶溶，把酒言欢，共话手足之情，苏轼作《中秋月》：

暮云收尽溢清寒，银汉无声转玉盘。

此生此夜不长好，明月明年何处看。

今秋的明月，仿佛更加地皎洁迷人，明年的此时此刻，我们兄弟又会在哪里赏月呢？久别重逢的欢喜，转瞬变为聚少离多的哀愁，今晚的相遇，或许就是为了又一次的相离。
这是苏轼的喜和愁。

公元 1079 年 4 月，苏轼任湖州知州。8 月，就因乌台
诗案而锒铛入狱。他因此而斯文扫地，备受凌辱，作《妒
佳月》：

狂云妒佳月，怒飞千里黑。

佳月了不嗔，曾何污黑白。

……

粲粲黄金盘，独照一天碧。

……

诗中把莫须有的诬陷喻之为"怒飞千里黑"的风伯，再
圆满的月亮也因之而黯然失色。胸中虽有愤愤不平的块垒，
"佳月"对此却不嗔不怨，相信黑白自清，乌云终会散去。
"粲粲黄金盘，独照一天碧"，这是他的洒脱和自慰。

面对接踵而至的人生非难，苏轼偶尔也会有无法抑制的

苍凉和难以诉说的喟叹，这在他的作品《西江月·世事一场大梦》中有所体现。

公元 1080 年正月初三，苏轼和长子苏迈远离京都，启程前往谪居之地黄州。一年后的中秋之夜，苏轼回首往事，瞻念前程，不免百感交集，作《西江月·世事一场大梦》：

世事一场大梦，人生几度秋凉。
夜来风叶已鸣廊。看取眉头鬓上。

酒贱常愁客少，月明多被云妨。
中秋谁与共孤光，把盏凄然北望。

在清秋的夜里，凉风吹打着树叶，在空旷的长廊中发出凄凉的回响。词人取过镜子，看到两鬓爬满了白发，不由慨叹华年似水，人生如梦。

"酒贱"是因为"人贱"，暗指身遭贬斥，受到冷遇。"月明多被云妨"句，隐喻小人当道，君子遭谗。

"中秋"本是传统意义上团聚的节日，苏轼以月景写哀情，使哀情为之更哀，而"北望"则点出了作词的主旨。

"北望"的含义，历代论者有所争议，《古今词话》认为苏轼"一日不负朝廷，其怀君之心，末句可见矣"，而胡仔认为是"兄弟之情见于句意之间矣"。其实，苏轼当时政治上受迫害，孤苦寂寥，凄然北望之中，思弟之情，忧国之心，身世之感，或许交织在一起，作为欣赏者，我们不妨抛开考证，作宽泛理解。

相比于《水调歌头》，这首《西江月》，情绪显得颇有些凄然无奈。月明云遮，才高人妒，忠而见谤，在这万家灯火的中秋佳节，他却成了一个天涯沦落人，情思不尽，落寞不尽。在苏轼众多机趣隽永、达观迷人的作品之中，这种哀怨隐忍之作更让人久久不能忘怀。

事隔两年，1082 年中秋，苏轼写下《念奴娇·中秋》：

凭高眺远，见长空万里，云无留迹。桂魄飞来光射处，冷浸一天秋碧。玉宇琼楼，乘鸾来去，人在清凉国。江山如

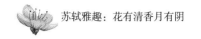

画，望中烟树历历。

我醉拍手狂歌，举杯邀月，对影成三客。起舞徘徊风露下，今夕不知何夕。便欲乘风，翻然归去，何用骑鹏翼。水晶宫里，一声吹断横笛。

这首词依然写于黄州，当时苏轼仍在被贬谪之中。面对广阔的天空和皎洁的月亮，为了排遣个人政治上失意的苦闷，为了摆脱庸俗污浊的现实，他越发热烈追求那超凡的清空境界，表现出对自由美好人生的追求。

皎皎明月，昭昭我心，在苏轼一路走来的生命历程里，能够支撑他在艰苦困厄的环境下逍遥自在的，是亲情的挂牵，是自身乐观心态的排解，也是月亮这个无言的朋友的相伴。"中秋谁与共孤光？"苏轼生命里的中秋之月，已然化作了他人生的一部分。

## "月与高人本有期"

　　月，是千古文人不倦歌咏的对象，苏轼对月尤其情有独钟。在苏轼不平凡的一生里，除了那些叩人心扉的中秋之月，我们应该还记得他写给亡妻的那一曲《江城子》，一句"料得年年肠断处，明月夜，短松冈"，写尽对亡妻的真挚深情，凄清哀绝之境，无以复加。但苏轼毕竟是一个洒脱通达的人，除了那些哀感顽艳的怀想之作，他似乎更愿意让其笔下的明月以一种清明纯真的美好形象示人，寄寓着人间一切真、善、美的良好祝愿，如下面这首《月夜与客饮酒杏花下》：

　　　　杏花飞帘散余春，明月入户寻幽人。

　　　　褰衣步月踏花影，炯如流水涵青苹。

　　　　花间置酒清香发，争挽长条落香雪。

　　　　山城薄酒不堪饮，劝君且吸杯中月。

　　　　洞箫声断月明中，惟忧月落酒杯空。

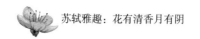

明朝卷地春风恶，但见绿叶栖残红。

在一个暮春之夜，随风飘落的杏花，飞落在竹帘之上，它的飘落，似乎把春天的景色都给驱散了。而此时，寂寞的月，透过花间，照进庭院，来寻觅幽闲雅静之人。诗人应明月之邀，揽衣举足，沿阶而下，踱步月光花影之中，欣赏这空明涵漾的神秘月色。流动的月光与摇曳的青苹，使沉静的夜色有了动感，知月惜花的诗人，沐浴在花与月的清流之中，正好可以一洗尘虑，一涤心胸。

山城偏僻，难得好酒，可是借月待客，则补酒薄之不足。"劝君且吸杯中月"一句，表明诗人对月之爱远远超出了对酒之爱。随着时间的推移，月光的流转，悠扬的箫声渐渐停息，月下花间的几案之上，杯盘已空，诗人忧从中来。月落杯空，夜将尽矣，月下之花如此动人，他担心翌晨风春刮起，满树杏花也就只剩下点点残红。

这首诗作于徐州任上，描绘了春天月夜清美绝俗的景色，以及诗人在杏花下置酒待客的殷切情意，并在"洞箫声断月明中"的良辰美景中，发出唯恐人生好景不常的叹息。天上有明媚之月，花下有幽居之人，"明月入户寻幽人"一句，达到了物我相忘的境界，表现出一种热爱自然、超越时空的清逸之气。

谪居黄州的日子里，苏轼放下身段，与各类人交往，甚得当地人喜爱。他常常是布衣草鞋，一叶扁舟，三四好友，行走游弋在山水之间，把盏饮酒，放浪形骸。早出夜归，但逢明月当空，心情尤为愉悦，往往为之陶醉。如写于这一时期一首《西江月》：

照野弥弥浅浪，横空隐隐层霄。

障泥未解玉骢骄，我欲醉眠芳草。

可惜一溪风月，莫教踏碎琼瑶。

解鞍欹枕绿杨桥，杜宇一声春晓。

春夜，词人在蕲水边骑马而行，经过酒家饮酒，醉后乘

黄州赤壁公园苏轼塑像

着月色归去，经过一座溪桥。由于明月当空，所以才能看见清溪在辽阔的旷野汩汩流过。"我欲醉眠芳草"，既写出了自己浓郁的醉态，又写了月下芳草之美以及词人因热爱这幽美的景色而产生的喜悦心情。

"可惜一溪风月，莫教踏碎琼瑶"一句，以独特感受和精切的比喻，传神地写出水之清、月之明、夜之静、人之喜悦赞美。溪水平静，微风拂面，弥弥浅浪，明月映照，诗人骑马而行，尽量勒紧马缰，唯恐马蹄声声踏碎这美玉一样的溪光月色。

这首寄情山水的词，以空山明月般澄澈、空灵的心境，描绘出一幅富有诗情画意的月夜人间仙境图，把自己的身心完全融入到大自然中，忘却了世俗的荣辱得失和纷纷扰扰，表现了自己与造化神游的畅适愉悦，读来回味无穷，令人神往。

又如下面这首《东坡》：

雨洗东坡月色清，市人行尽野人行。

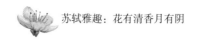

莫嫌荦确坡头路，自爱铿然曳杖声。

这一首《东坡》所写，正是苏轼月夜里拄杖漫步于高低不平的山石间的快乐，彼时的苏轼，面对的是他一生的低谷，而这样的快乐，也不是人人都可以明白的。

嘈嘈杂杂的市井之人，不会来到这片山岗，只有苏轼这样的"野人"——脱离世俗、置身名利圈外而躬耕的人，才能享受这片秘境。更何况上岗还要路过一段大石丛生、凹凸不平的岗头路。诗人喜欢的是手杖在石头之间碰撞的铿然之声，或许这也是与"命运"对话的声音吧。

月夜之下，拄杖敲石的声音就像音乐一般好听，岂不又是人间一大快事？苏轼就是抱着这种意气昂扬的心态，以苦为乐，不因挫折而颓废，不因抑郁而绝望。他能在孤独寂寞中自信不弃，矢志不移，顽强不息，追求精神和人格的自由。这种自由是生命力的灵魂，更有美的光彩，这就是苏轼的人生魅力所在。

苏轼知月，访月，赏月，咏月，领略月色的美好，思索人生的真谛，在清寂的境界中追求心灵的纯洁和宁静。他的作品，尤其是宦海失意之后的作品，博大精深，空灵蕴藉，常常渗透着对人生、宇宙哲理的思考，透露出缥缈灵动的气息。在他的笔下，月成了抒情写意的极重要的意象，他将月亮诗化了，月亮成了他的诗魂。

"明月未出群山高，瑞光千丈生白毫"（《和子由中秋见月》），明写自然之景，实把月当作理想的化身，抒发自己的政治抱负。"云散月明谁点缀，天容海色本澄清"（《六月二十日夜渡海》），写澄清月色，抒高洁情怀。"人生如梦，一樽还酹江月"（《念奴娇·赤壁怀古》），宦海几经沉浮，理想难以实现，叹人生如梦，月成了知己。诗人仿佛就是那轮皎洁明月，轻盈飘游于广阔的天宇之中，这是何等的超脱与旷达！

"我如霜月"（《丙子重九》），"明月清风我"（《点绛唇·杭州》），"悠哉四子心，共此千里明"（《中秋月三首》），将我心和明月打并一起写，便构成了苏轼写月的贯穿终始的一根红线。"浩瀚玻璃盏，和光入胸臆。使我能永延，约君

245

为莫逆"(《妒佳月》)，月光进入了他的胸臆，月亮化为了苏轼的灵魂。不知我为明月，抑或明月为我？

《藤州江上夜起对月》："江月照我心，江水洗我肝"，"月与高人本有期"(《待月台》)，"月随人千里"(《永遇乐·寄孙巨源》)，明月写我心，是我心之物象化，明月照我心，又是物象之心灵化，诗人与明月合二为一了。月亮是诗人美好心灵的投影，而那美好的明月又净化了诗人的心灵。

《夜月寻张怀民》之"何夜无月，何处无竹柏，但少闲人如吾两人者耳"，是将我之心灵的高洁与冰清玉壶般的明月之高洁，又与亲情、友情之圣洁纠结在了一起，将你、我和明月，交融在了一起，而不可分割。在苏轼抒写与胞弟苏辙以及其他友人的亲情、友情时，月亮永远是一个见证两心交融的不可或缺的意象。"与余同是识翁人，惟有西湖波底月"(《木兰花令·次欧公西湖韵》)，见月如见我，知我如知月也。

苏轼的思想是儒、释、道三家思想的融合，从儒家思想出发，他一生关心国家命运，积极从政，宽简爱民。但政治上受挫折时，受佛家道家思想的影响，又表现出超然的与世无争的态度。这些，在他的诗词中都有所体现。苏轼的思想、经历与才华使得他深爱月，善写月。他笔下的月光清盈洒脱，空灵飘逸，少凄切悲怨，多旷达超迈，给人无尽的美的享受。

"月与高人本有期"，在苏轼的笔下，月亮完全被人格化了。他笔下的月真可谓气象万千，情态各异，韵味无穷。

## "赤壁三咏"里的人生突围

苏轼对月情有独钟，与月结下了不解的缘分，在他的词中，写月夜的就有五十多首。苏轼的诗文中，水月总是交相辉映，这是苏轼最爱的境界，也给予他诸多人生的启示。

"赤壁三咏"，是指苏轼在黄州写的两篇散文和一首词，即《前赤壁赋》《后赤壁赋》《念奴娇·赤壁怀古》。在这三篇传世美文中，不仅出现了同一个"千载此情同皎洁"的"月"之意象，而且融入了作者鲜活生动的生命智慧和对宇

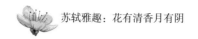

宙人生的感悟。在咏月过程中，苏轼融入了自己不同的生命体悟，他笔下的月不再仅仅是一个宇宙实体，还寓意着天地人生的变化哲学。

首先，《前赤壁赋》和《后赤壁赋》两文中都描绘了一幅水势浩荡、茫茫无涯、水月交相辉映的美妙夜色图景。《前赤壁赋》一开篇写道：

壬戌之秋，七月既望，苏子与客泛舟游于赤壁之下。清风徐来，水波不兴。举酒属客，诵明月之诗，歌窈窕之章。少焉，月出于东山之上，徘徊于斗牛之间。

八月的夜空清爽宜人，十六的月光皎洁如霜。茫茫白雾氤氲江面，月华映照水色，清风荡漾波光。一叶小舟就在这样一个辽阔而悠远的银色怀抱中任意东西。这是一个美得无声的神秘世界。无边江月就如多情女子的明眸与柔情，夜夜朗照、日日奔流。

《后赤壁赋》对月夜美景是这样描写的：

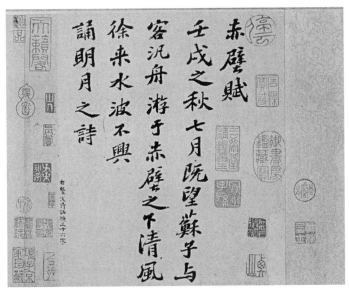

苏轼《赤壁赋》书法手迹

苏轼雅趣：花有清香月有阴

　　是岁十月之望，步自雪堂，将归于临皋。二客从予过黄泥之坂。霜露既降，木叶尽脱，人影在地，仰见明月，顾而乐之，行歌相答。已而叹曰：有客无酒，有酒无肴，月白风清，如此良夜何！

　　于是携酒与鱼，复游于赤壁之下。江流有声，断岸千尺；山高月小，水落石出。曾日月之几何，而江山不可复识矣。

　　水波喧哗，骤然有声，月色恬淡，主客开心。多情江月，迷人美景，让诗人敞开襟怀，纵酒高歌明月之诗，身心完全融入到大自然中，忘却了世俗的荣辱得失和纷纷扰扰，与造化神游，此乐何极。

　　"今人不见古时月，今月曾经照古人。"置身当下的良辰美景，高才多情的苏子触景生情，又转而怀古伤今，感月生悲，他在《前赤壁赋》中写道：

　　于是饮酒乐甚，扣舷而歌之。歌曰："桂棹兮兰桨，击空

明兮溯流光。渺渺兮予怀，望美人兮天一方。"

　　自诗经时代起，"美人"就用来象征着美政理想或者君王，到屈原更加明显。苏轼贬谪两年多，一直期待被召回，虽然身处江湖之远，但心系庙堂之高，无奈"美人"在天一方，归期"渺渺"。苏轼泛舟赤壁，欢畅赏月的同时，思君念国之情油然而生。对于有着高远美好人生理想的苏轼而言，这种挥之不去的情怀，不仅体现在"美人"这个特殊的意象上，更直接的描写还体现在"月明星稀，乌鹊南飞，此非曹孟德之诗乎"的感叹上。

　　苏轼由"月明星稀"引出一代枭雄曹操，由眼前的汤汤江水遥想曹操当年"千里舳舻、蔽空旌旗"的雄奇和得意。同是一方水月见证，今夜的自己却是"驾一叶之扁舟"，徒有"寄蜉蝣于天地，渺沧海之一粟"的寥落和失意；"酾酒临江，横槊赋诗，固一世之雄也"，当年的曹公豪情万丈，今夜的自己却在冷月下举杯，饮下"哀吾生之须臾，羡长江之无穷"的憾恨。

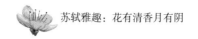 

而在《念奴娇·赤壁怀古》中，苏轼则一方面仰慕周瑜"雄姿英发、羽扇纶巾，谈笑间樯橹灰飞烟灭"的少年英雄，另一方面悲叹早生华发、功业无成、仕途潦倒的自己。

苏轼一生经历坎坷，宦海沉浮，曾一次入狱，两次外放，三次遭贬。官场失意的悲凉与叹惋，生活的贫困与凄惨，苏轼有太多的无奈和哀痛寄托于明月之中。但这样的惆怅与不甘，不是良辰美景之下的乐极生悲，这种感月生悲的情绪与其人生经历是紧密联系的，是苏轼有关人生意义和命运际遇的追寻和反思。

来黄州的第三年，面对一轮秋月，面对一面赤壁，苏轼"举酒属客，诵明月之诗，歌窈窕之章"，写出了"赤壁三咏"的豪放文字。在《念奴娇·赤壁怀古》里，苏轼喊出了"大江东去，浪淘尽，千古风流人物"的千古绝唱，最终实现了生命的蜕变和理想的升华。

正是在这里，苏轼真正实现了自己的人生突围，这种根本性的解脱和超越，源于苏轼深刻的自我救赎，也应该源于他对于佛性禅理的精深体悟。

据苏轼《黄州安国寺记》载，他在黄州几年"惟佛经以循日"，常到安国寺"焚香默坐，深自省察"，"闭门却扫，收召魂魄。退伏思念，求所以自新之方"。苏轼究竟在参禅默坐中得到了什么启示？"赤壁三咏"为我们提供了线索。

　　佛教文化中明月的意象意蕴十分丰富，其中独具代表性的意蕴主要是喻指自性的圆满空净。《佛说月喻经》曰："皎月圆，行于虚空，清净无碍。"佛教认为月是一种思想的象喻，月也是佛教徒参禅悟道的入门处。"千江有水千江月""一月普现一切水，一切水月一月摄"，释子借月来比喻自性与他性，有与无、变与常的辩证关系，在世界的差别中，更注重无差别的觉悟，达到无融无碍的境界。苏轼的心灵、精神经过人生苦痛与生命困境的淬炼，将触须深入无限时空，从中寻找超脱，在更深刻更理性的层面上认识人生、社会与宇宙。圆融无执的禅思消除了入世与出世的矛盾，他开始以平常心去思考，超越得失、人我的思想局限，自得自适。他仰观宇宙，俯察自身，进入哲学的思考之境。他与释子一样，也以月为喻，"盈虚者如彼，而卒莫消长也"，"盖

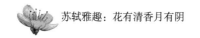

将自其变者而观之，则天地曾不能以一瞬；自其不变者而观之，则物与我皆无尽也"。有限即无限，在变与不变的月亮面前，苏轼开创了一方崭新的哲学天空，散发着佛家与世无争、随缘自适的浓郁气息，同时也折射出了苏轼迷人的人格魅力和博大胸襟！

人生命运的危机并没有给苏轼带来负面的影响，反而使苏轼更加坚强和豁达。他努力创造生活的乐趣，积极探求生命的意义与价值，努力使自己成为艰苦生活的主人。苏轼对现实人生进行多层次、多角度的思考，超越生命困境，在险恶的政治逆境中，给疲惫的心灵留下了进退回旋之所，构建起超脱的自由人格。他不作穷途之哭，而是力求从忧患中超脱出来，冲决世间荣辱苦乐的羁绊，以期达到超自然的精神境界，求得精神中的慰藉和心理的平衡。这里，他忘怀了世俗一切烦恼，在新的精神平衡中洋溢着超乎俗世的圣洁理想，诗人那飘逸旷达的风采跃然纸上：

惟江上之清风，与山间之明月，耳得之而为声，目遇之而成色。取之无禁，用之不竭。是造物者之无尽藏也，而吾与子之所共适。

"滚滚长江东逝水，浪花淘尽英雄。"月光如此柔美，江水如此浩渺，这是何等的旷达与超然！

德国哲学家雅斯贝尔斯有言："生命像在非常严肃的场合的一场游戏，在所有生命都必将终结的阴影下，它顽强地生长，渴望着超越。"赤壁三咏，是苏轼人生思考步入新境界的艺术总结，是苦难之根上盛放的花朵，是他以超凡的理性、过人的坚韧从逆境中重新站起来的崇高宣言，是他参禅学道、随遇而安从而心平气和、生活安宁的最佳发挥。

"人生如梦，一樽还酹江月。"苏轼以无碍之心映照天地万物，最后以酒酹月，月沉西天，苏轼摆脱了，自由了，万象皆空，豁然进入圆足之境。此情此景，超越与解脱，顿悟与禅觉，都天然完成。此时此刻，一颗痛苦的灵魂有了最美丽的归宿，一段坎坷不凡的生命有了最豁达的诠释，对于苏轼而言，或许这就是最好的结局。

第十二卷

一枝一叶总关情：苏轼与竹

竹子挺拔刚劲，宁折不屈，虚心有节，岁寒不凋，为历代文人所喜爱。"高人必爱竹"，爱竹之痴，唯有东坡。

"依依君子德，无处不相宜"，苏轼竹缘情深，一生与竹相伴，以竹吟诗作画，感赋情怀。竹之品格不仅融入了苏轼的现实生活，更观照了他的精神境界。

苏轼好竹，深得其高风亮节的清韵。苏轼不仅画墨竹别开生面，还开创了"朱竹"画派，留下了和竹相关的千古佳话。

## 竹缘情深，歌以咏志

自古以来，竹子就为人所喜爱。四川眉山，古称眉州，是世界上认识、利用竹子最早的地区之一，眉山人世代种竹、用竹、爱竹，与竹结下了千年竹缘。

苏轼出生于眉山一个殷实的书香之家，"门前万竿竹，堂上四库书"，这是他对家的描绘。竹林幽幽，书香悠悠，如此宜人宜居的美丽风景，深深影响着苏轼一生的审美情趣。

眉山市青神县——苏轼初恋的地方，亦是历史悠久的竹乡。当年，青神名士王方召集乡贤在一池边竹林聚会，想为这个水池取名，正在此地读书的少年苏轼以"唤鱼池"在众多应试者中脱颖而出。苏轼的才华赢得了王方的喜爱，几经周折，王方将爱女王弗嫁给了苏轼。值得一提的是，苏轼的第二任妻子王闰之是王弗的堂妹，同样来自于竹乡青神。

生于竹乡，长于竹乡，竹缘情深。苏轼一生与竹为伴，咏竹画竹，借竹明志，留下了许多脍炙人口的诗文书画和逸事佳话。

苏轼爱竹成癖，不管到哪里，他的眼帘里不能没有竹子。"门前两丛竹，雪节贯霜根"，"官舍有丛竹，结根问囚厅"，甚至被贬谪黄州之时，依然是"绕舍皆茂林修竹"。

有趣的是，苏轼在各个人生的不同阶段对竹子的审美态度都不同，年轻的时候，他希望看到的是满眼密密麻麻的竹子，所谓"门前万竿竹，堂上四库书"就是他的理想；人到中年，心态已不如年轻时激进豪迈，他欣赏的是"疏疏帘外竹，浏浏竹间雨"的情景；到老年时，又变为"累尽无可言，风来竹自啸"和"披衣坐小阁，散发临修竹"的淡定从容了。由豪迈到平静恬淡，这是他人生的轨迹，而诗中之竹，正是他不同时期的心态写照。苏轼由人生际遇而引发的感叹，对人生的思考，也就自然而然地折射到竹子上。这条由竹勾画的人生的轨迹，和南宋著名词人蒋捷的"少年听雨歌楼上，壮年听雨客舟中，而今听雨僧庐下"有异曲同工之妙。

"谁似东坡老，白首已忘机。"观苏轼状竹之文之变，犹似纵览其人生观的嬗变，而唯一不变的，是苏轼对竹子的喜爱与痴迷。

在中国人的精神世界里，竹子被赋予难能可贵的文化品格，成为虚怀若谷、高风亮节、宁折不屈的典型象征。苏轼的一生，几乎将竹这一高贵品格得以完美呈现。

"君子比德于竹。"有感于竹之魅力，苏轼创作出无数的经典诗篇，这些诗词中的竹君子情结，引起了无数后人的共鸣。

元丰二年（1079年），苏轼赴湖州任上，因看不惯一批把持朝政的"新进勇锐"的小人，在《湖州谢表》中发了几句牢骚，招来群小攻击，身陷"乌台诗案"，在囹圄中，见窗外竹枝摇曳，有所感触，写下下面这首《竹》诗：

今日南风来，吹乱庭前竹。

低昂中音会，甲刃纷相触。

苏轼《潇湘竹石图》局部

萧然风雪意，可折不可辱。

风霁竹已回，猗猗散青玉。

故山今何有，秋雨荒篱菊。

此君知健否，归扫南轩绿。

初秋时节，南风吹刮，竹无可奈何，任风摆布，颠来簸去，俯仰战栗之态如在眼前，恰似苏轼的处境。竹枝摇曳，发出或低沉或高亢的飒飒声，如乐音飞扬，中音中律；枝叶纷乱披洒，如万千刀枪相对，兵刃碰击。风声萧萧，冷寂而无生气，天地间一片风折雪摧令人惊悸的氛围。竹宁可折倒受尽摧残，也不接受任何侮辱。南风终于停息了，翠竹又回到原本端正的模样，青翠玉立，枝叶潇洒。

风中的竹柔韧刚毅、气节凛然，诗人表面咏竹，实则抒写一己胸怀，竹之安然自若，骨节清刚，正反映了苏轼豁达不屈的品格。

"乌台诗案"对苏轼的打击是沉重的，结尾四句，诗作忽然转而言菊，似与诗题不符，实则由竹的遭际引发对故乡

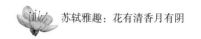

的怀念，表达了一种淡泊归隐的思绪。

在苏轼的笔下，与竹子相关的诗句随处可见，如"行歌白云岭，坐咏修竹林"，"今日南风来，吹乱庭前竹"，"欹枕落花馀几片，闭门新竹自千竿"，"解箨新篁不自持，婵娟已有岁寒姿"等。或许，苏轼最富特色的咏竹诗当推这首《于潜僧·绿筠轩》：

可使食无肉，不可居无竹。

无肉令人瘦，无竹令人俗。

人瘦尚可肥，俗士不可医。

旁人笑此言："似高还似痴？"

若对此君仍大嚼，世间那有扬州鹤！

吃饭可以没有肉，但居所不可没有竹子。没有肉不过是使人消瘦，没有竹子却会令人庸俗。消瘦了还可以长胖，庸俗可是无药可救。有人笑我这话说得有些痴，可如果在绿竹环绕的清雅居所大吃大喝，就太亵渎它了。这世上哪里有高雅庸俗兼得之事呢。《于潜僧·绿筠轩》一诗，可谓睿智机趣，雅俗共赏。

据史料记载，北宋熙宁六年（1073 年）春，苏轼出任杭州通判时，从富阳、新登，取道浮云岭，进入於潜县境（现并入临安）"视政"，当时於潜县令刁铸，与苏东坡是同榜进士，交情甚笃。刁铸热情接待了这位上司，并下榻在镇东南的金鹅山巅"绿筠轩"中。一天，在寂照寺出家的於潜僧慧觉禅师拜见苏轼，与他一起谈佛论经。苏轼博学多才，又自称佛门居士，谙熟佛学，使慧觉十分钦佩。两人在"绿筠轩"临窗远眺，只见满目皆是茂林修竹，苍翠欲滴，景色宜人。苏轼情不自禁地连连叫绝，慧觉禅师见此，知苏轼已被眼前的绿竹景色所倾倒，就故意逗道："苏学士，房前屋后栽几株竹子，我们於潜自古以来如此，不过点缀一下而已。"苏轼摆摆手道："此言差矣，门前种竹，绝非点缀而已，此乃高雅心神之所寄。我这儿有一首好诗赠你。"于是他即兴挥毫，写下了这首《於潜僧·绿筠轩》。

此诗以议论为主，歌颂风雅高节，批评物欲俗骨，写出

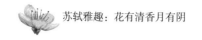

了精神与物质，美德与美食在相互比较中的价值。苏轼诗中的竹子早已人格化，成为高尚精神的象征。诗中的"此君"指竹子。"扬州鹤"语出《殷芸小说》中的故事。大意是有客相聚，各言其志，有人想当官，有人想发财，有人想骑鹤上天成仙，其中一人想兼得升官、发财、成仙之利。鱼和熊掌不可兼得，人间安有此等美事？

诗中"无肉令人瘦，无竹令人俗"一句，既是赞竹非常经典的评说，也是苏轼率真洒脱之人性的流露。他并不因为竹之雅，就断然排除吃肉，虽然文人们向来赞成"肉食者鄙"，然而苏轼不管这些，于是他后来又说："不俗加不瘦，竹笋加猪肉"，原来，他不但喜欢吃"东坡肉"，还喜欢吃竹笋烧肉。肉与竹，正代表了苏轼性格的两面，他的身上既有大块吃肉的豪放、世俗，也有如王维"独坐幽篁里，弹琴复长啸"的优雅、超脱。

竹笋既是一道美食，更是一种雅食，很符合文人雅士的心情与口味。苏轼一生喜好竹笋，曾经写下"残花带叶暗，新笋出林香""相携烧笋苦竹寺，却下踏藕荷花洲""长沙一日煨笤笋，鹦鹉洲前人未知""林外一声青竹笋，坐间半醉白头翁"等迷人文字。就算被贬黄州，一见竹笋，便宠辱皆忘，立刻吟出了"长江绕郭知鱼美，好竹连山觉笋香"的动人诗句。

苏轼爱竹情深，他认为竹的奉献太多，在中国人的日常生活领域中作出了极为重要的贡献。他曾在《记岭南行》中为竹"打抱不平"：

岭南人，当有愧于竹。食者竹笋，庇者竹瓦，载者竹筏，爨者竹薪，衣者竹皮，书者竹纸，履者竹鞋，真可谓一日不可无此君也耶！

"劳师向竹颂，清是阿谁风。"苏轼一生赏竹、好竹如此，何哉？白居易《养竹记》里的一段文字讲得明明白白：

竹似贤，何哉？竹本固，固以树德。君子见其本则思善建不拔者。竹性直，直以立身。君子见其性则思中立不倚

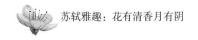

者。竹心空，空以体道。君子见其心则思应用虚受者。竹节贞，贞以立志。君子见其节则思砥砺名行，夷险一致者。夫如是，故君子人多树之为庭实焉。

刘禹锡有"高人必爱竹"的断语，苏轼亦自承"瘦竹如幽人"。竹是苏轼生活里不可缺失的伙伴，也见证了他一生的坎坷。自古及今，竹子是生长在贤者达士血液里的一种植物，苏轼好竹，深得其高风亮节的清韵，竹之品格不仅融入了他的现实人生，也一并融入了他的艺术人生。

## "画竹必先得成竹于胸中"

苏轼不仅爱竹、赏竹、写竹，画竹更是继承与创新齐飞。

苏轼画竹，绕不开一个人，这便是苏轼的表弟文同。文同，字与可，北宋梓州梓潼郡永秦县人，自号笑笑先生，善书法和画竹，曾任陵州、洋州和湖州的太守，因此自称"湖州竹派"。

文与可也是个竹痴，自况"朝与竹乎为游，暮与竹乎为朋，饮食乎竹间，偃息乎竹阴，观竹之变也多矣"。他为画好竹子，深入竹乡观察揣摩，以墨色深浅描绘竹子远近、向背，创立了墨竹的新画法。米芾曾言："以墨深为面，淡为背，自与可始也。"苏轼与文同因共同爱好墨竹，两人经常讨论画竹，感情甚笃，结下了深厚情谊。苏轼这样描写文与可画竹时的情景：

与可画竹时，见竹不见人。

岂独不见人，嗒然遗其身。

其身与竹化，无穷出清新。

庄周世无有，谁知此凝神？

苏轼并未受过严格的书画方面的训练，连他自己也曾说："画不能皆好，醉后画得，一二十纸中，时有一纸可观。"对于此，黄庭坚做过切中肯綮的评论："东坡画竹多成林棘，是

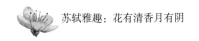

其所短，无一点俗气，是其所长。"但这并不影响苏轼对墨竹的痴迷和对画竹的探讨。

对于画竹的理论，苏轼最为精辟的见解莫过于"画竹必先成竹于胸"了，这是苏轼画竹心得的高度概括。在《文与可画筼筜谷偃竹记》中，苏轼这样记录文与可教他画竹之法：

竹之始生，一寸之萌耳，而节叶具焉。自蜩腹蛇蚹以至于剑拔十寻者，生而有之也。今画者乃节节而为之，叶叶而累之，岂复有竹乎！故画竹必先得成竹于胸中，执笔熟视，乃见其所欲画者，急起从之，振笔直遂，以追其所见，如兔起鹘落，少纵则逝矣。

汉语中"胸有成竹"这一成语即源于此文。

文与可早年在永泰故居的竹林深处建立起一座"墨君堂"，在这里，他采撷竹的风采，领略竹的风骨，描绘竹的神韵，吟哦竹的情思，内比竹的节操。苏轼为之作《墨君堂记》，以竹明志："风雪凌厉，以观其操；崖石荦确，以致其节。得志，遂茂而不骄；不得志，瘁瘠而不辱。群居不倚，独立不惧。" 文与可对苏轼也非常钦敬，视为知音，他说："世无知我者，惟子瞻一见，识吾妙处。"

墨竹之爱，是苏轼爱竹赏竹的升华，虽然他的墨竹并不以形见长，但他高雅的人品与气质，却让他画的竹子不落俗套，不同凡响。苏轼、文与可画墨竹，光大了"湖州竹派"，后世画家凡写墨竹，无不受到文与可与苏轼的影响。

元丰二年（1079 年）正月，文与可病逝。七月七日，天气晴好，苏轼在湖州晾晒书画，看到其中一幅文与可的《墨竹》，睹物思人，苏轼忆起往日欢声笑语，不觉"废卷而哭失声"。

竹石不分家，苏轼善画竹，也擅长画石，有《潇湘竹石图》《枯木竹石图》存世。苏轼把自己的作品与文同的比较后指出："吾竹虽不及，而石过之。"

黄庭坚喜欢苏轼画的竹子，曾为其《竹石牧牛图》题诗：

苏轼墨竹图

野次小峥嵘，幽篁相倚绿。

阿童三尺棰，御此老觳觫。

石吾甚爱之，勿遣牛砺角！

牛砺角尚可，牛斗残我竹。

诗前有小引："子瞻画丛竹怪石，伯时增前坡牧儿骑牛，甚有意态，戏咏。"子瞻是苏轼之字，伯时是北宋著名画家李公麟字，就是说，苏轼与李公麟合作画了幅竹石牧牛图，苏轼画了丛竹怪石，李公麟画的牧儿骑牛，著名书法家黄庭坚感到有趣，特为之题诗。诗中的"棰"字是指鞭子，觳觫指牛，砺为磨砺之意。诗中的"勿遣牛砺角！牛砺角犹可，牛斗残我竹"，风趣而幽默地表达了诗人对苏轼所画丛竹的珍爱之情，可谓画龙点睛之笔。这幅熔诗书画为一炉的诗画创作充分表现出苏轼、李公麟、黄庭坚的友谊与他们共同的赏竹爱竹情怀。可惜的是，《竹石牧牛图》没能流传于世。

苏轼的爱竹情怀，不仅跃然画纸，也渗透在他的许多与

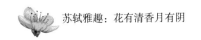

苏轼雅趣：花有清香月有阴

画竹相关的诗文中。文与可任洋州知州，勤于兴利除弊，治下面貌一新，于是选取三十个景物为对象，写下《守居园田三十首》，寄给苏轼等友。苏轼写了《和文与可洋川园池三十首》，其《霜筠亭》诗曰：

解箨新篁不自持，婵娟已有岁寒姿。

要看凛凛霜前意，须待秋风粉落时。


刚从笋壳中破出的新竹尚且有些幼弱，不太能够自己保持挺直，但已姿态优雅，有了能耐受严寒的形态。而要看到它严正可敬、傲对霜寒的样子，就要等到秋风骤起，花粉凋落的时候了。诗中突出了翠竹的不畏严寒、凌风傲霜的品质，诗人对新竹的喜爱、期许与赞美，溢于言表。

如《文与可画篔筜谷偃竹记》中所言，苏轼画竹的技法，也是独树一帜。他反对"节节而为之，叶叶而累之"的画法，作画时"从地一直起至顶"，不像常人一节节地画竹竿。米芾曾对他说这有违常理，他回答道："竹生时何尝逐节

274

生？"米芾竟无言以对。苏轼非常态的思维，贯之以自己的画竹理念，非"胸有成竹"不能为之！

苏轼不仅画墨竹别开生面，还开创了"朱竹"画派。

苏轼在任杭州通判的时候，一次坐于堂上，一时画兴勃发，而书案上没有墨只有朱砂，于是随手拿朱砂当墨画起竹来。

骨秀气清、色泽浓艳的朱竹有一种别样的美丽，看到的人既惊诧于它的美，也忍不住好奇地问他：世间只有绿竹，哪来朱竹？苏轼答曰："世间本无墨竹，既可以用墨画，何尝不可以用朱画！"众人这才恍然了悟画家的绮丽之思，凡事不拘泥、僵化，才有创新的空间，苏轼正是将写豪放词时大胆瑰丽的想象力延伸到了画中，才有了朱竹图的画法。苏轼画朱竹，正体现了他不重形似的绘画主张，也是后来士大夫"逸笔草草，聊以自娱，非求人赏"的艺术原理的发源，与1000 年后具有划时代意义的西方印象主义艺术观点高度吻合。由于苏轼的首创，朱竹一脉一直延续到现代，而苏轼自然也被尊为"朱竹鼻祖"。

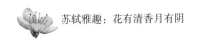

"萧然风雪意，可折不可辱。"咏竹，画竹，苏轼"一日不可无此君"，竹不仅融入了苏轼的现实生活，更观照了他的精神境界。文与可曾言："竹如我，我如竹。"苏轼又何尝不是如此？

## 竹秀笋香逸事多

《说文解字》曰："笋，竹胎也。"竹笋是竹子从土里长出来的嫩芽，好竹者大多与竹笋的感情也不一般。竹笋清淡鲜嫩，一向为文人所喜爱，袁枚曾说"笋脯出处最多，以家园所烘第一"，李渔认为竹笋"清洁，芳馥，松脆"，蔬食之美全都具备。苏轼喜欢吃竹笋，常于春夏竹笋盛生时，到竹林中去烧竹笋吃。

宋人林洪的《山家清供》中有一则《傍林鲜》，记载了当年苏轼、文与可和竹笋的故事。

有一年，文与可调任洋州，便和夫人一起前来向苏轼告别，正值苏轼与王夫人在竹林里烧笋吃。文与可吃了苏轼烧的竹笋，觉得清淡纯香，鲜美异常，别具风味，便问苏轼："你烧的笋咋个这样好吃呢？"苏轼说："竹称君子，竹性恬淡潇洒，竹笋清香纯正，不能杂以他味。世人往往用肉烧竹笋，肉味本浊，以浊乱清，是以小人乱君子，自然吃不出竹笋的真正本味来。况且我烧的笋，不用柴草，而是用竹林中的竹叶来烧的，这就把竹笋的本味集中起来了，焉得不美！"文与可听了，连连点头。苏轼接着得意地告诉文与可："这样的竹笋一吃下去，竹的君子风味沁人心肺，与我融为一体而不可分也，不是真正爱竹之人，能如是乎？"

苏轼尝云："或为予言，草木之长，常在昧明间。早起伺之，乃见其拔起数寸，竹笋尤甚。"竹笋初露，就着竹叶点火煨熟，多么富有诗情画意的画面，《山家清供》将这一道美食称之为"傍林鲜"，真是恰如其分。

文与可任洋州太守时，别人都觉得那里是穷乡僻壤，但是，文与可十分惬意于此地，因为洋州城北有筼筜谷，茂林修竹。文与可暇日常携妻来此悠游，观竹、画竹、品尝竹笋，"自谓偷闲太守，人呼窃绿先生"。他们常常按苏轼的方

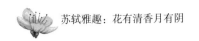

苏轼雅趣：花有清香月有阴

法烧笋来吃，有一次，文与可正吃得津津有味时，想起苏轼来，便问夫人："本地的竹笋可以吃到几月？"文夫人说："这地方竹的种类不少，竹笋生长时间不一，到初冬还有嫩笋可吃。"文与可听了便说，快写信告诉东坡，请他来这吃竹笋。

两人正谈笑间，衙役忽然了送来了一封信，文与可拆开一看，原来是苏轼写给他的一首《筼筜谷》：

汉川修竹贱如蓬，斤斧何曾赦箨龙。

料得清贫馋太守，渭滨千亩在胸中。

此诗前两句讲汉川地区盛产竹子，百姓喜欢砍食价廉物美的竹笋。后两句中的"馋太守"指文与可，苏轼先取笑廉洁清贫的馋太守也一定在馋食者之列，接着话锋一转，称赞文与可画竹与众不同，能观遍千亩竹林，腹中先有多种画稿，才落笔作画。

文与可读后，不觉大笑，喷饭满案。于是，除了"成竹在胸"，又因此衍化出了"失笑喷饭"的成语。

有关苏轼与文与可的交往，《宋史》记载有下面一则趣事。

文与可善画竹，上门索画者络绎不绝，盛名之下，文与可心生烦恼，渐渐地就很不高兴了。于是有人拿来缣素来换他的画，缣素是古代一种可以用于书画的细绢。文与可却并不稀罕，厌恶地把绸缎扔在地上，说这是我用来做袜子的材料（“吾将以为袜”）。苏轼到徐州任知州，文与可听说后总算是抓着救星了，于是写信给苏轼，说自己已经告诉那些人，你画竹子很厉害，想要的话可以拿着这些袜材去找你。文与可顺势把那些求画者都推给了苏轼，后面还附一首诗，其中一句是“拟将一段鹅溪绢，扫取寒梢万尺长”，意思是要用一种名贵的丝绸来画万尺长的竹子。苏轼于是回复说，竹子万尺长，得用二百五十匹绸缎来画，知道你懒得动笔不会画，不如把绸缎送给我吧。文与可抵赖不肯给他绸缎，说我说错了，世上哪有万尺高的竹子。苏轼说，世间也有几千尺高的竹子，你看月光斜照，庭院里竹子的影子不就有千尺高吗？文与可笑答，你真是辩才，不过绸缎我是不会给你

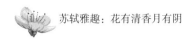

文与可墨竹图

的，我还留着置地养老呢！就把自己画的一幅《筼筜谷偃竹图》送给了苏轼，称"此竹数尺而有万尺之势"。

南宋名士魏庆之，无意仕途，种菊千丛，日与诗人骚客觞咏其间，撰有《诗人玉屑》，是宋诗话之大成。下面这则"十根竹子一片叶"的故事，即出于其中。

北宋有个诗人叫王琪，他年轻时候挺傲气，有点不知天高地厚，老觉着自个儿能耐大。有一天，他到一个花园去游玩，看见一片竹林，竹子绿绿的，长得真好看。王琪看了，马上想了个联句，提笔写了出来：叶垂千口剑；干耸万条枪。

王琪把奋拉下来的竹叶子比作宝剑，直直的竹竿比作长枪，比方得还算形象。他拿这副联句让朋友们看，大家伙儿全夸他写得好。王琪美滋滋地把对联贴在了屋中墙上，还吹出这样的大话："谁要是能改一个字，我白送他十两金子！"过了些天，苏轼上他这儿来串门，看见了对联，没有作声。王琪装模作样地对苏轼说："我写的这两句，请学士指教。"

苏轼微微一笑，对王琪说："联句比方得还不错，可惜

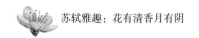

就是十根竹子才一片叶儿！"王琪细一想，可不是吗！自己写的是"千叶""万竿"，叶儿少竿儿多，平均十根竹子才长一片叶儿，这叫什么竹子哪！王琪的脸一下臊得跟大红布似的，一个劲儿地向苏轼道谢，连声说："提得好，提得好。"从此，王琪再也不狂了，老老实实地做学问，后来也成了个有真才实学的诗人。

第
十
三
卷

石不能言最可人：苏轼与石

苏轼爱石，从少年得志，到名震当朝，乃至谪贬流放，石头都伴随着他的人生，见证着他的悲喜。在他人生的不同阶段和转折处，石头均被寄予了丰富的情感，散发出不朽的艺术魅力。

　　苏轼一生爱石成癖，藏石赏石成为其人生一大乐事，并因此留下了无数爱石藏石的隽永诗文和传奇故事，他不仅是北宋著名赏石家，也堪为中国古代赏石文化的倡导者和奠基人。

## 人石不了情：苏轼人生里的几块石头

杜甫诗云："石奇含天地，趣雅意隽永。"石头是一个物象、一个无生命的自然物，但在中国人的文化观念里，许多无生命的物，都与生命、岁月、情感有着某种神秘的联系。

苏轼一生爱石成癖，钟情于石，虽仕途坎坷，颠沛流离，所到之处广泛收集自己中意的石头，无论得意失意，藏石赏石成为其人生一大乐事，并因此留下了无数爱石藏石的传奇故事。

苏轼十二岁时，在老家四川眉山，和小玩伴一起玩挖地坑游戏，偶得一方温润晶莹的鱼形奇石，条纹精美，敲之可发出铿锵声响。父亲苏洵把看后，称赞那是一方有学文瑞兆的天砚，遂做成砚台，刻铭予苏轼，这是苏轼与奇石的最早结缘。这块宝砚伴随苏轼三十八载人生风雨，宋元丰七年，苏轼将此宝物赠给其子苏迈、苏过，成为苏氏家族的传家宝。

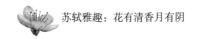 

　　宋元丰二年（1079年）三月，苏轼由知徐州改知湖州，赴任路经今安徽灵璧。"灵璧一石天下奇，声如青铜色如玉"，灵璧自古出奇石，在战国时就作为贡品进贡朝廷。灵璧石独具神韵，闻名遐迩，后来乾隆曾赞誉它为"天下第一石"。这么一个盛产美石的地方，苏轼当然不会放过，曾多次光顾张氏园亭，并作诗作画换取灵璧石。

　　有一次，苏轼在园中发现一块巨型灵璧石，如麋鹿颈状，四面可观。苏轼看到后十分喜爱，意欲索求，又不便直说。他知道主人非常喜欢他的书画，于是主动拿来笔墨，在大堂墙壁上绘就《丑石风竹图》。主人见之十分欣喜，当即表示愿以此石相赠，苏东坡笑而接受，认为得了便宜，害怕主人反悔，立刻叫随从起程，返回阳羡。自此以后，苏轼对灵璧石的热爱一发不可收。

　　据北宋张邦基《墨庄漫录》记载，一天苏轼再次到灵璧张氏园亭寻石，发现一灵璧石如蓬莱仙境奇特无比，当即命名为"小蓬莱"。当晚在与园主饮酒时，双方情投意合，谈石论赏，一时兴起就多喝了几杯，不知不觉中苏轼喝醉了，随后靠在灵璧石上睡着了。片刻之后苏轼就精神矍铄，头脑清醒了，于是他欣然题字："东坡居士醉中观此，洒然而醒。"从此此石被称为"东坡酒醒石"，主人命人将苏轼所题字刻在石上。后又有名士蒋颖叔、紫溪翁游赏，又各加一段题字，皆刻石上，一时传为美谈，灵璧人戏称其为三题石，可惜今已不存。

除了赏石、画石、题字，苏轼后来还写了著名的《灵璧张氏园亭记》，其中有文字称："其中因汴水之余浸，以为陂池，取山之怪石，以为岩阜。"苏轼喜爱这个山水相依的庭院，继而论道："古之君子，不必仕，不必不仕。必仕则忘其身，必不仕则忘其君。"最后又说："将买田于泗水之上而老焉。"表达了自己乐天知命，终老山林的归隐境界。然而，正是这一篇传诵千古的赏石美文，却被别有用心的人抓住了把柄，成为诬告陷害他的证据之一，几个月后，苏轼即被谪贬黄州，人生的磨难从此开始。

任扬州知州时，苏轼的表弟程德孺知其有石癖，送给他两块奇石，一块为绿色，一块为玉白，石上山峦迤逦，有云

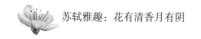

穿于山脊，他十分珍爱。看到极透漏峭崎之态的绿石后，苏轼不觉想起了自己不久前在颍州知州任内所做的梦，梦里被人引至一官府，榜书"仇池"，此地山川清远幽深，不同凡响，朋友告诉他这是道教十六洞天之一小有洞天（王屋洞）的余脉，杜甫在《秦州杂诗》中曾经提到"万古仇池穴，潜通小有天""藏书闻禹穴，读记忆仇池"。宦途失意，有归隐之心的苏轼看到这块奇石，便想到了颍州之梦，想起了仇池，便名之为仇池石。他将这双石置于案头，每日都要玩赏一番，后曾作《双石》一诗记其事：

梦时良是觉时非，汲水埋盆故自痴。

但见玉峰横太白，便从鸟道绝峨眉。

秋风与作烟云意，晓日令涵草木姿。

一点空明是何处，老人真欲住仇池。

同好诗友们看了此石和《双石》诗后，均称叹唱和，后来此石被驸马都尉王诜借去赏玩，意在攘夺，苏轼巧与周旋，一连写了好几首长诗，文思如涌，强调"守子不贪宝，完我无瑕玉"。在万般无奈之下，提出以王诜珍藏的唐代韩幹《二马图》作为交换，王诜当然不会同意。这件事搞得满朝纷纷扬扬，几乎无人不知，最后，仇池石还是物归原主。1101 年，苏轼遇赦北归，于常州去世，结果物在人亡，"仇池石"终被酷爱奇石的宋徽宗获取。

仇池石产于伏羲之乡——仇池，即今甘肃省陇南市西和县大桥乡。据传说，伏羲创世时，其妹女娲炼五彩石以补苍天。所余之石弃置仇池，故有此石，当地群众称之为"五花石"。而"仇池石"之得名则始于苏轼梦游仇池，醒而咏杜甫"万古仇池石，潜通小有天"之句。苏轼所咏之仇池石与西和所产之仇池石，名同而实异。彼仇池石是一块观赏石的名号，此仇池石则为一种石料。称呼即久，两石相混，但却更显出仇池石之历史和深刻诗意，所谓"顽石本无根，诗家增盛名！"

谪居黄州三年后，苏轼的忠实粉丝高太后垂帘听政，自此苏轼频得擢拔，历任杭州知州、兵部尚书、礼部尚书等

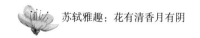
职。1093 年，高太后病逝，宋哲宗亲政，召回新党，朝局再次发生变化。次年，五十九岁的苏轼被贬谪惠州，行至湖口，写下了《壶中九华》诗并引，描绘了一方"广袤尺余"（苏过语）的精美石山子，并抒发了求之未得的遗憾：

　　湖口人李正臣蓄异石九峰，玲珑宛转，若窗棂然。予欲以百金买之，与仇池石为偶，方南迁未暇也。名之曰壶中九华，且以诗纪之。

　　清溪电转失云峰，梦里犹惊翠扫空。
　　五岭莫愁千嶂外，九华今在一壶中。
　　天池水落层层见，玉女窗明处处通。
　　念我仇池太孤绝，百金归买碧玲珑。

　　自五十七岁后，天然山形石成为苏轼的最爱，甚至曾将他收藏的仇池石称为"希代之宝"，而壶中九华，虽非所藏，也不吝赞美。诗中"五岭莫愁千嶂外，九华今在一壶中"一句，堪称对山形石的无上嘉誉。

化大山而为秋毫，将九华仙境尽收一壶，想那异石必形神兼似！千金易得，一石难求，无怪乎苏轼"念我仇池太孤绝，百金归买碧玲珑"。只可惜他"南迁未暇"，未能购得，痛失良机。

作《壶中九华》诗八年后，苏轼遇赦放还途中，再次到湖口李正臣家访问壶中九华石的下落，得知"石已为好事者取去"，再作《和壶中九华诗韵诗》，感叹"尤物已随清梦断，真形犹在画图中"。不久苏轼在常州病逝。

次年五月，黄庭坚来到湖口，李正臣将苏轼两次咏"壶中九华"诗来见。此时，人物两空，黄庭坚用苏轼诗原韵感赋一首《追和东坡壶中九华》，以悼苏轼：

有人夜半持山去，顿觉浮岚暖翠空。

试问安排华屋处，何如零落乱云中。

能回赵璧人安在，已入南柯梦不通。

赖有霜钟难席卷，袖椎来听响玲珑。

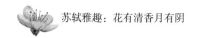

苏轼雅趣：花有清香月有阴

　　这是一首感人至深的佳作。此诗以一块奇石的得失遭遇，伤悼苏轼生死命运。诗的大意是说，不知何人半夜把奇石偷走，顿觉山川都为之失色。与其把它放在华屋里，还不如让它继续留在云山之中。能够完璧归赵的人如今何在？可叹我与东坡的友情成南柯一梦，如今连梦也不通了。不如到苏轼生前所爱的石钟山去，带个槌子敲敲石钟，听那清悦的响声吧。

　　"壶中九华"石，寄托着诗人至重至深的情和谊，经过两位大诗人前后十年间反复题咏，这个壶中九华石也和仇池石一样传为石中珍宝了。苏轼这块石头，经过日照月沐，风雕雨蚀，流离辗转，泯然归寂。顽石的风流，最终是生命的风流，他用无尽的风流，演绎了一段不凡而又宿命的人生。


## 因人而名：一块雪浪石的前世今生

　　宋哲宗元祐八年（1093 年），苏轼被贬定州（今河北保

292

定）任知州，在衙署后花园偶得一石，黑质白脉，中涵水纹，犹如晚唐五代时期著名画家孙位、孙知微所画山水画卷，若隐若现石间奔流、浪花飞溅之态，于是命名为"雪浪石"。

苏轼对此石喜爱有加，终日把玩欣赏，又从曲阳恒山运来汉白玉石，使工匠雕一莲花盆，置石于其上，石盆边沿镌刻铭文：

尽水之变蜀两孙，与不传者归九原。

异哉驳石雪浪翻，石中乃有此理存。

玉井芙蓉丈八盆，伏流飞空漱其根。

东坡作铭岂多言，四月辛酉绍圣元。

随后苏轼又在文庙后建起"雪浪斋"亭，将玉盆奇石安放其中，供人观赏，这是古代最早也是最有名的以收藏奇石命名的斋名。

雪浪石给身处逆境的苏轼以极大的安慰，闲暇时，他总

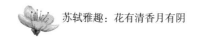 苏轼雅趣：花有清香月有阴

爱驻足亭旁仔细端详。一天，他看着那石上雪浪翻腾，顿时
心潮起伏，援笔疾书，又写下一首长诗：

　　太行西来万马屯，势与岱岳争雄尊。

　　飞孤上党天下脊，半掩落回争黄昏。

　　削成山东百三郡，气压岱北三万村。

　　千峰石卷蠹牙帐，崩崖断凿开土门。

　　揭来城下作飞石，一炮惊落天骄魂。

　　承平百年烽燧冷，此物僵卧枯榆根。

　　画师争摹雪浪势，天工不见雷斧痕。

　　离堆四面绕江水，坐无蜀士谁与论。

　　老翁儿戏作飞雨，把酒坐看珠跳盆。

　　此身自幻孰非梦，故园山水聊心存。

　　北宋时，定州与契丹接壤，属于边防要塞。在诗人眼
里，出于太行山的雪浪石，正是与敌人激战时的"飞石"，
"一炮惊落天骄魂"一句，由衷表达了诗人驻守定州是为了

294

备边抗敌的雄心。然而战争停止了，雪浪石却像枯榆树一样僵卧在大地，没有人再去观赏品评它了。幸运的是，诗人独具慧眼，发现、装饰并把它珍藏起来，看着玉井中喷出的雨点，像珍珠一样落在盆里，又仿佛使他看到了念念不忘的家乡山水，唤起了诗人的思乡情绪。

苏轼雪浪石诗铭传出，文人墨客无不响应，其弟苏辙，文友张耒、秦观、李之仪、佛印等一些名流纷纷作诗唱和，一时形成一种炽热的石文化氛围。之后，历朝历代，或是皇家，或是墨客，屡有名诗名句点赞雪浪石。有宋以来的石谱都将其列入谱中显要位置，雪浪石被赋予深厚的文化内涵，有"中华第一名石"之称。

苏轼只在定州任职八个月，1094年复贬惠州，后来一直在贬官的途中，但对于此石念念不忘。1101年，新任定州知州张舜民因与苏轼友善相知，特地聚集工匠修葺雪浪斋，重新置放盆石，并欲作诗寄给苏轼。当时苏轼遇赦从岭南北归途中，不想竟病逝于常州，张舜民睹石思人，乃作《苏子瞻哀辞》，诉说人石不了情，读来令人为之动容：

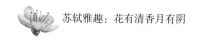

石与人俱贬，人亡石尚存。

却怜坚重质，不减浪花痕。

满酌中山酒，重添丈八盆。

公兮不归北，万里一招魂。

雪浪石，产于河北省定州市、曲阳县、阜平雪浪谷等地。雪浪石质地坚润，黑地白脉，纹理清晰，底色为黑、灰黑色，原石裸露的部分常呈黄褐色，白色的纹络如雪花均匀撒于石上。如今雪浪石之名，也是沿袭了苏轼当年的称谓。这方奇石图纹其实很一般，但在诗人眼中却别具风采。清初诗人王士禛曾目睹过雪浪石，他也认为："石实无他奇，徒以见赏坡公，侈美千载，物亦有天幸焉。"

苏轼一生宦途失意，浪迹天涯，就如同他笔下的"雪泥鸿爪"，幸有奇石做伴，来安抚诗人那伤感而又旷达的心。苏轼一生爱石、藏石、咏石，对雪浪石尤其喜爱有加，即使多年后又被贬往岭南时，仍惦记着北方的雪浪石。随着岁月的流逝，苏轼曾经精心呵护的雪浪石和玉盆也淹没不见了。直到明万历八年（1580 年）原盆才为真定令郭衢阶至定州时发现，原石也于万历十年（1582 年）为知州唐祥兴所发现。

雪浪石深得乾隆皇帝的喜爱，六过定州，必去留驻观赏。他还三次派宫廷画师亲赴定州，画雪浪石，尤对张若霭（张廷玉之子）绘《雪浪石图》视如至宝，三次在其图上题诗并题字（今藏承德避暑山庄博物馆），并步苏轼《雪浪石》诗原韵题于画上：

此翁诗句岂易和，如继阳春以叩盆。

前言未足更叠韵，仇池事例今聊存。

仅围绕雪浪石，乾隆就作诗十多首，爱石之心，可想而知。

乾隆三十一年（1766 年），赵州刺史李文耀在临城掘得一奇石，为太湖石质，玲珑多孔，上刻"雪浪"二字。直隶总督方观承奏报朝廷并把奇石运到京城想取悦乾隆，清

高宗看后认定是好事者所为，写了《御制雪浪石记》并御题"后雪浪石"四字，命张若澄绘其图（今藏台北"故宫博物院"），并题诗其上，称"若霭昔图石，谓已传其神。今复雪浪出，难唤泉下人"云云。他下令把"后雪浪石"运往定州，与苏轼的"雪浪石"相伴为伍。

苏轼雪浪石后来几经浮沉，时隐时显。清康熙十一年（1672 年），被列为定州八景之一，名"雪浪寒斋"。康熙四十一年（1702 年），定州知州韩逢庥将盆石移至众春园内，从此未曾移动。可惜的是，众春园后来被毁，"雪浪寒斋"早已不复存在，1952 年又给雪浪石建亭才得以保护。可喜的是，在定州文庙，两棵相传是苏轼手植的槐树，历千年风雪，至今郁郁葱葱，宛如华盖。如今，雪浪石保存完好，早已成为河北省重点文物保护单位。


## 中国赏石文化的引领者

在中国，藏石、赏石、咏石之风源远流长，赏石文化已

雪浪石亭

雪浪石

成为中国传统文化的一部分。历代文人墨客无不争相搜罗奇石，也常将奇石作为吟诗作赋的物象。所谓奇石，是指那些不事雕琢、天工造化的具有自然审美价值的石头。正如宋代杜绾《云林石谱》中所说，石之称奇乃"天地至精之气，结而为石，负土而出，状为奇怪"。显然，石之称奇，石之可贵，全在天然，绝不假于人力。甚至，前人已将赏石文化提升为关乎做人与修身养性的境界，正如清代人赵尔丰说：

石体坚贞，不以柔媚悦人。孤高介节，君子也，吾将以为师。石性沉静，不随波逐流，然叩之温润纯粹，良士也，吾乐以为友。

苏轼仕途坎坷，颠沛流离所到之处广泛收集奇石得意失意，观赏石总成知己。谪居湖北黄州五年，是苏轼才情得到极大释放的时期，写下了许多脍炙人口的佳作，如前、后《赤壁赋》等，在文学史上奠定了其不可动摇的地位。期间，苏轼还作有前、后《怪石供》，在赏石史上也具有极为重要

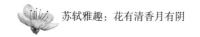

的地位。

所谓怪石，是指黄州石，类似雨花石的一种图纹卵石，"其文如人指上螺，精明可爱，虽巧者以意绘画有不能及者"，产自当地的长江边。苏轼对之十分感兴趣，亲手搜采了一些，并用饼食与村童换了一些，以古铜盆清水以养，并寄赠庐山好友佛印和尚以及参寥子作供，他有感而发，写下了前、后《怪石供》，并强调指出，以石头作供于禅僧，是他开了个头。后世将清供之石称之为供石，实起始于此。

不离不弃的好友、赤壁的绝古，还有那美丽的石头，都给予苦难中的苏轼莫大的慰藉。"东坡易石"的典故也成了赏石界的千古美谈。

其实，在苏轼贬官黄州之前，黄州石并没有入赏石家的法眼。一如《云林石谱》所称："顷因东坡先生以饼饵易于小儿，得大小百余枚，作怪石供，以遗佛印，后遂为士大夫所采玩。"这是典型的石以人贵。

五百多年后，清初诗人、画家、收藏家宋荦曾任湖广黄州通判，也是仰慕苏轼之名，在当地遍求上品黄州石竟不可得，一度怀疑苏轼所言为虚，最后在友人帮助下仅得了十六枚，各具形象，置于水晶盆中供养。宋荦还作有《怪石赞》一文叙之，分别为每方石头"点赞"。如有一枚形如紫菱，有僧默坐蒲团凝然而望之影像，故取名为"达摩影"，作词赞曰："达摩面壁，影在嵩少。胡为此石，端然含照。不起不灭，轨拟轨貌。稽首皈依，渊乎微妙。"

苏轼以怪石供佛印，载入了赏石文化之史册。由于苏轼两篇《怪石供》的影响，宋以后，雨花石一类的玛瑙卵石逐渐进入了文人的书斋，成为观赏吟咏的"案头清供"。其次，开创了供石这一观赏石的欣赏方式，并且从提名、配座等方面都已很完备。

宋元丰八年，苏轼权知登州，在蓬莱阁下发现了不少弹子涡石，五彩斑斓十分可爱，他拾取美石数百方，用来养植菖蒲，并供养老父，写下《文登石诗》，其中有文曰：

我持此石归，袖中有东海。

垂慈老人眼，俯仰了大块。

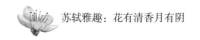

置之盆盎中，日与山海对。

小小的石头，让诗人仿佛听到了东海的浪涛声，让老人可以领略大自然的神奇，将它们置于盆中，似乎每天都在与山海对话。这是何等激情而又浪漫的文字。袖中（石）东海，由此成为了以小见大赏石观的代名词。

中国具有赏石藏石的悠久历史，但直到宋朝，才建立了完整的赏石理论。中国传统的赏石理论，一是米芾得益于太湖石赏玩规律创立的瘦、漏、皱、透的赏石理论。二是苏轼得益于灵璧石赏玩规律创立的"石文而丑"的赏石理论。较之米芾，苏轼赏石理论更为全面，他洞鉴古今地提出"石丑而文"的观点，他的"丑石"和米芾"瘦秀皱透"观是里程碑式的雅石标尺，是延续到今天的赏石标准。《枯木怪石图》《潇湘竹石图》是苏轼的传世画作，画中形象丑瘦的石头大胆突破了传统赏石美学观念，开创了写意画石先河，引领了怪石审美风气，影响深远，百世不磨，在后世画家的画作中，特别是在郑板桥的怪石画作中，苏

轼的影子如影随形。在苏轼的咏石诗篇《咏怪石》中，他
用拟人的修辞手法赋予怪石人类情感，丑怪的石头在其笔
下得到了艺术人格加持，升华到形怪神贵，形丑神美，形
朴神雅的美好境界。

　　所谓石以人贵，他发现并命名"雪浪石"，为后世观赏
石开创了文化导向。苏轼发现雪浪石并建雪浪石斋，开创了
北宋河北园林观赏石之先河，并对后世造园叠石产生了深远
影响。北宋后期，宋徽宗征"花石纲"，赵佶的许多绘画作
品中，以雅石、怪石作为园林景致，不能不说与苏轼的玩石
影响有关。而且苏轼以石盆盛放雅石的创意设计，开创了北
宋文房置石、玩石的范式。也由此北宋、南宋，甚至北辽的
赏识、玩石文化之风，由北宋中期呈日渐兴盛之势，不能不
说与苏轼的赏石、诗词的势能有关。

　　苏轼咏石、赏石、藏石的作品，在宋金元的石谱中多有
著录，在中国赏石文化发展历史进程中，苏轼是一代具创造
性的学者、启蒙者和倡导者，而且对于提升中国造园雅石文
化的品位具有重要历史贡献。

苏轼雅趣：花有清香月有阴

　　苏轼不仅赏石、咏石，更重要的是他作为北宋文坛名宿，以诗文传播赏石文化，传播雅石造园的文化理念，对北宋及其金元时期园林用石的文化提升，起到重要的助推作用。

　　苏轼可能是历代诗人中咏石之作最多的一位，由于当时他的文坛地位，使得爱石之举得到了广泛的效仿和弘扬，将赏石文化提升到了一个新高度和新高潮。

　　欧阳修曾有诗云："万象皆从石中来，刻画始信天有功。"在爱石的人心中，石是自身，是自然，更是世间万物。苏轼自己也曾曰："山无石不奇，水无石不清，园无石不秀，室无石不雅。赏石清心，赏石怡人，赏石益智，赏石陶情，赏石长寿。"

　　对于爱石人来说，奇石居家，构成家中一道风景，一种品位，一种闲情，一种雅趣，一种修身养性。平日闲暇之时，观赏把玩奇石，能够抚慰人心，净化心灵，陶冶情操，提高修养，感悟人生，升华境界，其中益处，唯有养石人深有体会。

苏轼酷爱奇石，一生都在寻石、品石、赏石和咏石，他不仅是北宋著名赏石家，也堪为中国古代赏石文化的引领者和奠基人。

# 第十四卷

为谁零落为谁开：苏轼与花

苏轼常在诗中写花，既是基于宋人以花事行游宴的风尚，也是苏轼个人赏好之心的体现。在不同人生境遇中，苏轼对花的喜爱、怜惜之情浸入了自身的感慨。

　　无论是杭州吉祥寺念念不忘的牡丹、贬谪路上远送千里的梅花，还是阒无人迹处骤然相遇的海棠，苏轼早已经与花不分彼我，并由此得到了极大慰藉和温暖，这是花真正进入诗人生命的时刻。

## 牡丹：含情只待使君来

"唯有牡丹真国色，花开时节动京城。"这是唐代诗人刘禹锡《赏牡丹》里面的句子，自唐以来，牡丹的发烧友就层出不穷。唐朝李肇在《唐国史补》中就说当时的人们看牡丹花，"每春暮车马若狂，以不耽玩为耻"。在中唐，著名的宰相裴度，临终前还叫人把自己抬到牡丹丛前，说"我不见此花而死，可悲也"。一个宰相，希望死在牡丹花下做风流之鬼，可见牡丹的声名，当时超过任何花种。

熙宁四年（1071 年），苏轼自请外调，到杭州任通判。当时杭州知州沈立，也是一位牡丹迷，曾写过 10 卷《牡丹记》。第二年的暮春时节，牡丹盛开，沈立便邀请苏轼同去吉祥寺赏花。苏轼在后来的《牡丹记叙》一文中，记载了这一天的热闹非凡的情景："酒酣乐作，州人大集。……饮酒乐甚，素不饮者皆醉。"苏轼为此写了一首《吉祥寺赏牡丹》：

人老簪花不自羞，花应羞上老人头。

醉归扶路人应笑，十里珠帘不上钩。

吉祥寺为宋代名刹，寺中牡丹最盛，当时民间的风俗，有头戴牡丹花的习惯，不管是男女老少，在春天牡丹花开放的时候，都会头上插花。"人老簪花不自羞"，作为一个杭州的二把手，折了一枚牡丹花，插在自己的头上，在万人云集的春日里招摇过市，虽然有失身份，但在苏轼那里，却没有了官民之别。唐杜牧曾有诗云"尘世难逢开口笑，菊花须插满头归"，无论是菊花还是牡丹，在春天里享受大自然，与民同乐才是真的。

苏轼同沈立的关系非同一般，可惜时隔不久沈立调任他职。相知相惜的好友离去了，苏轼却一直思念着吉祥寺的牡丹。这一年的冬至日，牡丹花期远未到来，苏轼情不自禁，独自一人去了吉祥寺，回来后作《冬至日独游吉祥寺》诗一首：

井底微阳回未回，萧萧寒雨湿枯荄。

何人更似苏夫子，不是花时独肯来。


　　冬至阳春未回，萧萧寒雨打湿了牡丹的枯枝。这样的寒冬雨天，还有谁像苏夫子，明知不到花时却偏要独自跑到寺内赏春呢？

　　曾经在此和他一起赏花的人去了，苏轼只好独自于花前徘徊。又十来天后，苏轼再次来到吉祥寺，而且又作诗一首云：


东君意浅著寒梅，千朵深红未暇栽。

安得道人殷七七，不论时节遣花开。


　　春风依然未回，寒空的枝头只见梅花的绽放，据说殷七七是一位"能开非时之花"的道人，曾在 9 月里催开了鹤林寺的杜鹃，可是怎么才能找到殷七七，请他帮忙让牡丹在

313

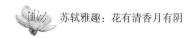 

冬日开放呢？

斯人已去花未开，其寂寞怀想之情可想而知。令苏轼欣慰的是，前来接任杭州太守的陈襄，同样痴迷于牡丹，两人很快结为密友。

陈襄，北宋名臣、理学家，字述古。次年（1073年）春，牡丹花开数日，迫不及待的苏轼向陈襄发出邀请，两人约定明日一起前往吉祥寺赏花。第二天，苏轼早早来到吉祥寺等待陈襄的到来，可是一等再等就是不见陈襄的人影。正在焦急之时，衙人来报太守有要事处理不能前来。苏轼心中不快，顺手写了一诗交给来人，吩咐他回去后立交太守。陈襄接过打开一看，是一首名为《吉祥寺花将落而述古不至》的诗：

今岁东风巧剪裁，含情只待使君来。

对花无信花应恨，直恐明年便不开。

苏轼说，今年牡丹开得特别好只等你前来观赏，你答应前来而不来失信于牡丹，它会对你怨恨，恐怕明年便不会再开了。陈襄一见此诗笑了，决定明日一定前往。

第二天，陈襄果然来了。陈襄感谢苏轼和众人，尽情赏花之后于席上赋诗《春晚赏牡丹奉呈席上诸君》，诗云：

逍遥为吏厌衣冠，花谢还来赏牡丹。

颜色只留春别后，精神宁似日前看。

雨余花萼啼残粉，风静奇香喷宝檀。

只恐明年花更好，不知谁与并栏干。

陈襄说，我喜欢逍遥为吏不喜欢这身官服，花要谢了我才来和大家观赏牡丹，虽然春雨过后花萼里只剩下一点残粉，可是风静时仍然喷吐奇香。明年这里的花儿一定会开得更好，只是不知道那时会和谁一起并栏观赏。

苏轼听了陈襄的诗很高兴，立即又和诗一首：

仙衣不用剪刀裁，国色初酣卯酒来。

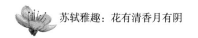

太守问花花有语，为君零落为君开。

苏轼说，你看你一来，牡丹就国色出酣，像醉了酒那样娇憨盛开。而牡丹花也对你说了，为你零落为你开。如果明年你不来的话，它还是不开。明年你来不来，自己看着办吧。

不知是气候使然，还是为了答谢苏轼的惜花之心，这年冬天，吉祥寺出了一个奇迹，10月间竟然盛开了几株牡丹。苏轼与陈襄一同前往观赏，游目骋怀，诗如泉涌。陈襄即景赋四绝句，苏轼一一酬和，共四首，以下是其中一首：

当时只道鹤林仙，解遣秋光发杜鹃。
谁信诗能回造化，直教霜卉放春妍。

苏轼在诗中说，过去只听说鹤林观道人殷七七神通广大，能够让杜鹃秋天开花，谁知你陈襄的诗句也能让牡丹在严寒的冬日盛开。此情此景，连苏轼自己都不知道，究竟是殷七七真来助兴了，还是他们的一片诚心打动了牡丹花开。

苏轼和陈襄共事两年，友情甚深。1075 年 7 月，陈襄离杭州任，苏轼一再相送，不忍作别，送别的文字写了一首又一首。

无论如何，从凤凰山下到临平舟上，陈襄终于给送走了，杭州吉祥寺的牡丹永远留在了彼此的记忆里。

## 海棠：天涯流落俱可念

如果说苏轼的牡丹之爱，大多源于某种相知相惜的友情，苏轼的海棠之恋，则实出于其自身命运际遇的自比自况。

海棠原产于中国，雅俗共赏，素有"国艳"之誉。据说苏轼的故乡四川是海棠的老家，旧时西蜀即被称为"海棠香国"，宋人沈立的《海棠百咏》第一首如是写道：

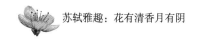

岷蜀地千里，海棠花独妍。

万株佳丽国，二月艳阳天。

苏轼在一首"吾平生最得意诗"中也曾提道："陋邦何处得此花，无乃好事移西蜀"，说黄州的海棠花也是从西蜀移栽而至。

苏轼心中的这首"得意之作"，诗名也绝对够长：《寓居定惠院之东，杂花满山，有海棠一株，土人不知贵也》。元丰三年（1080 年），苏轼被贬黄州，因为没有地方住，就暂寓在定惠院里。有一天，苏轼在定惠院的杂花"竹篱间"，发现了一株自己四川老家才有的海棠花，惊喜之余，遂作此诗，并以此名之。

令人称奇的是，这首诗不仅标题长，诗文也长，全诗如下：

江城地瘴蕃草木，只有名花苦幽独。

嫣然一笑竹篱间，桃李漫山总粗俗。

也知造物有深意，故遣佳人在空谷。

自然富贵出天姿，不待金盘荐华屋。

朱唇得酒晕生脸，翠袖卷纱红映肉。

林深雾暗晓光迟，日暖风轻春睡足。

雨中有泪亦凄怆，月下无人更清淑。

先生食饱无一事，散步逍遥自扪腹。

不问人家与僧舍，拄杖敲门看修竹。

忽逢绝艳照衰朽，叹息无言揩病目。

陋邦何处得此花，无乃好事移西蜀。

寸根千里不易致，衔子飞来定鸿鹄。

天涯流落俱可念，为饮一樽歌此曲。

明朝酒醒还独来，雪落纷纷那忍触。

诗的开始从"江城地瘴蕃草木"到"月下无人更清淑"共十四句写海棠，反复刻画了此株海棠的幽独、高雅、孤芳自赏，其中当深深寓含着诗人自己的影子。"先生食饱无一事"以下十二句，笔锋一转，前四句写自己无事闲游，也可

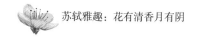

以说是一种"幽独"；下两句"忽逢绝艳照衰朽，叹息无言揩病目"，点明自己恰逢海棠，如遇知己。再下四句，表达自己心中所想，此处海棠，怕不是有人从我的家乡移栽过来的吧，不然怎么会和我一样，流落到此地呢？"天涯流落俱可念，为饮一樽歌此曲"两句更是点明了作者和海棠有着共同的命运，都是流落天涯。后面紧接着以海棠自喻，不会因贬谪而改变其高尚情操。最后二句以海棠将要凋谢，心生怅惘结尾。

全诗多角度的写花，其实也是多角度的说自己，两者紧密结合，花亦是人，人亦是花，构思巧妙，耐人寻味。此诗传布，广得盛赞。黄庭坚《跋所书苏轼海棠诗》谓"殆古今绝唱"，纪晓岚评曰："风姿高秀，兴象深微，后半尤烟波跌荡。此种真非东坡不能；东坡非一时兴到亦不能。"

"试问卷帘人，却道海棠依旧。"这是李清照写下的名句，自苏轼之后，历代海棠诗，几乎没有不受其影响，但那份面对故乡名花感怀身世的情绪，是后人模拟不了的。

据说苏轼自己也特别钟爱这首诗，每每写以赠人，"平生喜为人写，盖人间刊石者，自有五六本"。苏轼后来还写有一篇《记游定惠院》，文中有文字说："黄州定惠院东小山上有海棠一株，特繁茂，每岁盛开，必携客置酒，已五醉其下矣。"本篇描写的便是这株海棠。

在今天的眉山三苏祠碑亭，有苏轼笔迹刻石《寓居定惠院，有海棠一株碑》。碑帖行云流水，摇曳生姿；曲折跌宕，汪洋恣肆。名花、名帖两相辉映，情感、行笔物我化一，那种不屈的个性、潇洒的情态展现得栩栩如生。

黄州是苏轼刻骨铭心的地方。在黄州，苏轼一贬就是五年，五年里，海棠花开的日子里，苏轼一定是不知多少次徘徊于花前。在黄州，苏轼不仅从此有了"东坡"之号，还写就了"天下第三行书"《黄州寒食帖》。值得注意的是，帖文里有一句写道："卧闻海棠花，泥污燕脂雪。"在苏轼眼里，海棠花就像雪上搽了胭脂那样美丽，即使是过着凄苦的日子，他还惦记着海棠花，担心被污泥所染。这哪里是在写海棠，分明就是在写他自己！

苏轼对海棠情有独钟，多次以海棠自喻，而随着海棠传

三苏祠《有海棠一株碑》碑刻（局部）

承下来的文化瑰宝，一直延绵至今。在四川三苏祠，后人专门建有海棠亭，掩映在漫天繁花之中。在江苏宜兴则有一个"东坡海棠园"，里面有一株苏轼手种的海棠，美了近千年。

北宋熙宁、元丰年间，苏轼应宜兴单锡、蒋之奇等同科进士的邀请，多次前往宜兴游历。宜兴闸口天远堂主人邵民瞻仰慕苏轼才学，彼此建立友谊。元丰六年（1083年）二月，邵民瞻新宅落成，苏轼应邀前往祝贺，并带来一株"西府海棠"亲手植于邵氏庭院。

据清史夏隆《永定海棠记》载："东坡乞居阳羡，携其花至，而天远堂主人邵民瞻与之游园，传其种，而宜邑始有西府海棠……"这是宜兴西府海棠记载的最早栽种历史。

南宋初年，金兵南袭，邵氏故居被焚，苏轼所植海棠遭火噬受伤，后海棠主枝被台风刮断，又在根上萌发新枝，满树繁花似锦。如今，这株经历了千年岁月洗礼的西府海棠，老树再放新姿，一片生机盎然。

在种下宜兴海棠的第二年，苏轼又写出了这首千古绝唱：

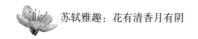 

东风袅袅泛崇光，香雾空蒙月转廊。

只恐夜深花睡去，故烧高烛照红妆。

题曰《海棠》，然通篇无"海棠"而尽得风流，情意深永，激赏海棠的心情和盘而出。从"东风""崇光""香雾""高烛""红妆"这些明丽的意象中，我们分明可以感触到诗人达观、潇洒的胸襟。是年，苏轼在黄州定惠院那棵海棠树下"已五醉其下矣"。黄州是苏东坡人生的转折，海棠却是苏东坡的最佳陪伴和慰藉。

"只恐夜深花睡去"，这一句写得痴绝，是全诗的关键句。此句笔锋一转，写赏花者的心态。当月华再也照不到海棠的芳容时，诗人顿生满心怜意：海棠如此芳华灿烂，怎忍心让它独自栖身于昏昧幽暗之中呢？这蓄积了一季的努力而悄然盛放的花儿，居然无人欣赏，岂不让它太伤心失望了吗？夜阑人静，孤寂满怀的我，自然无法成眠；花儿孤寂、冷清得想睡去，那我如何独自打发这漫漫长夜？能够倾听花开的声音的，只有我；能够陪我永夜心灵散步的，只有这寂寞的海棠！一个"恐"字写出了作者不堪孤独寂寞的煎熬而生出的担忧、惊怯之情，也暗藏了作者欲与花共度良宵的执着。

一个"只"字极化了爱花人的痴情，现在他满心里只有这花儿璀璨的笑靥，其余的种种不快都可暂且一笔勾销了：这是一种"忘我""无我"的超然境界。

末句更进一层，将爱花的感情提升到一个极点。"故"照应上文的"只恐"二字，含有特意而为的意思，表现了诗人对海棠的情有独钟。"烧高烛"遥承上文的"月转廊"，这是一处精彩的对比，月光似乎也太嫉妒于这怒放的海棠的明艳了，那般刻薄寡恩，不肯给她一方展现姿色的舞台；那就让我用高烧的红烛，为她驱除这长夜的黑暗吧！

"照红妆"呼应前句的"花睡去"三字，极写海棠的娇艳妩媚。"烧""照"两字表面上都写我对花的喜爱与呵护，其实也不禁流露出些许贬居生活的郁郁寡欢。他想在赏花中获得对痛苦的超脱，哪怕这只是片刻的超脱也好。

## 梅花：玉雪为骨冰为魂

宋代文坛，咏梅诗词峰起，这与一些文学大家的创作影响分不开。一代文坛领袖苏轼，十分喜爱梅花，一生写有咏梅诗词三十多首，对咏梅诗词的发展，起了很好的推动作用。

宋元丰三年正月，苏轼因"乌台诗案"被贬到偏远的黄州去当团练副使，路过麻城的大安山（又叫春风岭）时，看到山坡上簇簇傲寒绽放的梅花，引发了他的诗情，于是写下了《梅花二首》：

其一

春来幽谷水潺潺，灼烁梅花草棘间。
一夜东风吹石裂，半随飞雪渡关山。

其二

何人把酒慰深幽，开自无聊落更愁。

幸有清溪三百曲，不辞相送到黄州。

"春来幽谷水潺潺，灼烁梅花草棘间。"第一句以动衬静，写梅花生长的环境是深山幽谷，溪水之畔，侧重表现梅花远离人世的喧嚣，冰心玉骨不染杂尘的绰约风姿。第二句写梅花蓬勃的生命力与傲然不群的品格。朵朵梅花在衰草瘦棘中开得那样明艳、光亮，显得那样超凡脱俗。

"一夜东风吹石裂"写梅花生存环境之险恶，遭受的摧残之猛烈。"吹石裂"，足见风力之猛，打击之烈。"半随飞雪渡关山"，被风吹落的梅花漫空飞舞，梅花似雪，雪似梅花。那瓣瓣梅花是不屈的魂灵，在空中控诉、呐喊。这里的"半"字很值得玩味，深隐的潜台词好像是说："一夜"的刀光剑影，狂风也未必全胜，梅花也未必全败，一旦风和日丽，她又会让幽谷更加亮丽起来。

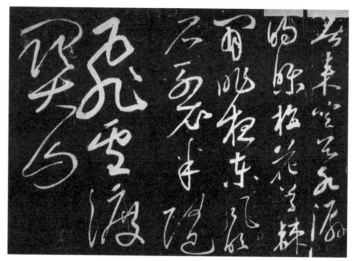

苏轼梅花诗帖

这首诗，苏轼是在写梅花，也是在写他自己的不幸遭遇。他虽然遭受小人陷害，但并没有屈服，他的傲骨没有被折断，他冷漠地承受着风霜刀剑，迎接春天的来临。

　　第一首侧重梅花具体形象的刻画与不幸遭遇的描绘，第二首则物我合一，更鲜明地坦露出诗人矛盾而复杂的内心世界。

　　"何人把酒慰深幽，开自无聊落更愁。"以反诘句直接喷发出郁郁于胸的愁怨与不平。诗人仿佛凝神于梅花前，默默问："梅花呀梅花，你这样娇艳可人，你这样零落成泥，又哪得知音呢？你只得无奈地将娇容与泪水静静地留在这深深的幽谷里呀！""开自无聊落更愁"一句寄托了诗人对梅花境遇的深深同情，用梅花的开则无所依赖、落则满腔愁情，喻指诗人贬谪途中的孤寂落寞。其实，梅花不幸而有幸，因为她终究遇到了久伫花前的诗人，而诗人满腹报国之才又有谁能赏识呢？流露出诗人心中深深的孤寂与痛楚。

　　"幸有清溪三百曲，不辞相送到黄州"，大安山南面是一望无际的平川，曲曲弯弯的举水河直向黄州边的长江流去。

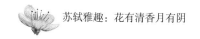 

而大安山下的歧亭古镇是个水码头，饱受跋涉之苦的诗人在此可直接乘船去黄州了，惆怅之余又有几分惬意。这两句，诗人将自己与花瓣合二为一了，因为二者境遇相同，"同是天涯沦落人"；境况也相似——随波逐流。诗人的"无聊"与"愁苦"的处境实有一些可叹、可悲，但诗人并没有一味地悲观哀叹，而是从哲理的角度做深入的思考：这"幸"实从"不幸"中来，孤芳自赏，雪打风吹，花之不幸；才高人妒，世态炎凉，人之不幸。然而，魂落清溪而不陷污淖是花之大幸；摆脱官宦樊笼而得珍贵的自由是人之大幸。"幸"字浓缩了诗人对得失进退漫长而痛苦的思维过程。最后，诗人终于通达了，清醒了，他在长叹一声之后，无奈而且又不无希冀地敞开胸襟，向新的人生道路迈去。

贬谪黄州期间，因读北宋诗人石延年《红梅》一诗，苏轼有感而发，写有《红梅三首》。稍后，苏轼把其中一首改制成词，取调名《定风波·红梅》：

好睡慵开莫厌迟。自怜冰脸不时宜。

偶作小红桃杏色，闲雅，尚馀孤瘦雪霜姿。

休把闲心随物态，何事，酒生微晕沁瑶肌。

诗老不知梅格在，吟咏，更看绿叶与青枝。

这首词紧扣红梅既艳如桃杏又冷若冰霜、傲然挺立的
独特品格，抒发了自己达观超脱的襟怀和不愿随波逐流的傲
骨。全词托物咏志，物我交融，清旷灵隽，含蓄蕴藉，堪称
咏物词中之佳作。大意如下：

不要厌烦贪睡的红梅久久不能开放，只是爱惜自己不合
时宜。偶尔是淡红如桃杏色，文静大方，偶尔疏条细枝傲立
于雪霜。

红梅本具雪霜之质，不随俗作态媚人，虽呈红色，形类
桃杏，乃是如美人不胜酒力所致，未曾堕其孤洁之本性。石
延年根本不知道红梅的品格，只看重绿叶与青枝。

"诗老不知梅格在，吟咏更看绿叶与青枝。"红梅之所以

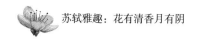

不同于桃杏者，岂在于青枝绿叶之有无哉！这正是东坡咏红梅之慧眼独具、匠心独运处，也是他超越石延年《红梅》诗的真谛所在。

此词着意刻绘的红梅，与词人另一首词《卜算子·黄州定慧院寓居作》中"拣尽寒枝不肯栖"的缥缈孤鸿一样，是苏轼身处穷厄而不苟于世、洁身自守的人生态度的写照。花格、人格的契合，造就了作品超绝尘俗、冰清玉洁的词格。词中红梅的独特风流标格，正是词人超尘拔俗的人品的绝妙写照。

黄州之后，苏轼一再被贬，十四年后，流落惠州的他又见松风亭下荆棘里盛开着的梅花，感而赋诗，于是写了这首《十一月二十六日松风亭下梅花盛开》：

春风岭上淮南村，昔年梅花曾断魂。

岂知流落复相见，蛮风蜑雨愁黄昏。

长条半落荔支浦，卧树独秀桄榔园。

岂惟幽光留夜色，直恐冷艳排冬温。

332

松风亭下荆棘里，两株玉蕊明朝暾。

海南仙云娇堕砌，月下缟衣来叩门。

酒醒梦觉起绕树，妙意有在终无言。

先生独饮勿叹息，幸有落月窥清樽。

"春风岭上"四句，从"昔年梅花"说起，引到后来的流放生活。这些在黄州谪迁生活中的往事，此时因面对松风亭下盛开的梅花而涌上心来。"岂知"句沉痛，诗人已经是六十岁的老人，却再次流落，再次见到这个贬谪生活中的旧侣——梅花，而且是在"蛮风蜑雨"的边荒之地，比起黄州，每况愈下，令他生愁。

那些半落的长条，独秀的卧树，虽非盛开，但已深深地触拨着诗人的心灵，他为它们的"幽光""冷艳"而心醉。清晨，他来到松风亭下，发现荆棘丛中盛开的梅花在初升的太阳光下明洁如玉，他完全陶醉了，在诗中描写了一个梦幻般的优美境界：他眼前已经看不见梅花，他仿佛觉得那是在月明之夜，一个缟衣素裳的海南仙子，乘着娇云，冉冉地降

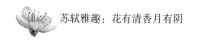

落到诗人书窗外的阶前，轻移莲步，来叩诗人寂寞深闭的房门。

"酒醒梦觉"四句，诗人从美妙迷人的梦幻世界回到了眼前的现实，他如有所悟，但终于"绕树无言"。这正是"此时无声胜有声"，在这朝日已升、残月未尽的南国清晓，诗人独把清樽，对此名花，尽情享受这短暂的欢愉。

此诗意象优美，语言清新，想象飞越，声情跌宕，妙造自然，可谓是苏轼晚年得意之作。

除了上面这首《十一月二十六日松风亭下梅花盛开》，苏轼还采用同一韵脚，一口气写了又两首七言歌行，时人称之为"韵险而语工，非大手笔不能到"。《再用前韵》有诗云：

罗浮山下梅花村，玉雪为骨冰为魂。

纷纷初疑月挂树，耿耿独与参横昏。

十四年后，又见梅花，苏轼百感交集。诗中用优美的词句赞美了梅花的冰清玉洁、清丽温婉的品格，也道出了诗人日暮天寒独对参星时的落寞与凄凉。其中诗句"罗浮山下梅花村，玉雪为骨冰为魂"成为千古名句。

第十五卷

小草不妨怀远志：苏轼与草木

草木本无心，荣枯自有时。这些大地之上再平凡不过的生物，却也总能给人以心灵的启示。在苏轼的眼里和心里，它们是如此的鲜活灵动，温暖迷人。失意和得意，种种人生滋味，尽在其中而臻于妙境。

　　"无菖蒲，不文人"，一株蒲草映照出了苏轼大半生的人生际遇。苏轼一生的经历，就像是眼前蒲草本性的自然流露，风吹雨打，清香如故，只因他有一棵蒲草一样的天真淳朴和自由的心。

## 草木本无心

草木之爱，人皆有之，这些卑微到尘土里的万千生物，却也总能给人以心灵的启示。草木一秋，人生一世，以苏轼之高才敏慧，大千世界里的一草一木，当然也"于我心有戚戚焉"，发出了有感于草木的叹咏。

在苏轼诸多关乎草木的诗文里，《和子由记园中草木十一首》当最为洋洋大观，惹人注目。

苏轼在任凤翔签判期间，苏辙留京侍父，在三年多的时间里，二人一在凤翔，一在开封，诗赋往还，唱和甚多。在治平元年（1065 年）正月苏轼罢凤翔任还京后，兄弟二人曾把这些诗编成《岐梁唱和诗集》，是他们兄弟"友爱弥笃"的集中表现。

在这以前，兄弟两人一直生活在一起，苏轼赴凤翔任是他们兄弟第一次远别，依依不舍之情深厚。苏轼的《和子由

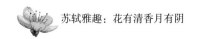 苏轼雅趣：花有清香月有阴

记园中草木十一首》，这些诗当然不只是咏物，而是托物比兴，借草木而言志。下面择其一二以析之。

其一

煌煌帝王都，赫赫走群彦。

嗟汝独何为，闭门观物变。

微物岂足观，汝独观不倦。

牵牛与葵蓼，采摘入诗卷。

吾闻东山傅，置酒携燕婉。

富贵未能忘，声色聊自遣。

汝今又不然，时节看瓜蔓。

怀宝自足珍，艺兰那计畹。

吾归于汝处，慎勿嗟岁晚。

这是《和子由记园中草木十一首》的第一首，苏轼在其中做了两个对比：热闹繁华的京城里，踌躇满志的名士俊才

340

们都在为自己的前程仕途忙个不停，只有苏澈在独自闭门格物，静观其变。那些草木本没有什么特别，只有他对它们百看不厌，连再平常不过的牵牛与葵蓼，都被写进了诗篇。当年的谢安（东晋名士）曾以声色自遣，而苏辙却以"看瓜蔓"度日。这种自甘淡泊的精神，正是怀宝自珍的表现。

其二

荒园无数亩，草木动成林。

春阳一已敷，妍丑各自矜。

蒲萄虽满架，困倒不能任。

可怜病石榴，花如破红襟。

葵花虽粲粲，蒂浅不胜簪。

丛蓼晚可喜，轻红随秋深。

物生感时节，此理等废兴。

飘零不自由，盛亦非汝能。

面对满园草蔬，苏轼信笔托物比兴。从春至秋，各色各样草木生机勃发，呈现出各路样态：葡萄满架，石榴咧嘴，葵花欲坠，蓼草嫣红，仿佛时时都有当季的主角到来。而这一切的发生，只不过就是季节的转换而已，并非草木之能，无论飘零或者繁盛，它们都身不由己。这一切的发生，又多么像人世间的那些起起落落和存亡兴替。

显而易见，苏轼这是以草木之盛衰比兴人事之兴亡。万物皆在时中，时至则为主，时去则势穷，穷通变化，皆时为之，若以为己之力，妄矣。

苏轼之语，于平淡中出新鲜，而道人之所未道。"盛亦非汝能"，非咏草木，而是以草木托意，一吐胸中不平，同时讥讽那些苟且钻营的得势小人，表明自己不愿与之同流合污的高洁志趣。

其四

萱草虽微花，孤秀自能拔。

亭亭乱叶中，一一劳心插。

牵牛独何畏，诘曲自牙蘗。

走寻荆与榛，如有宿昔约。

南斋读书处，乱翠晓如泼。

偏工贮秋雨，岁岁坏篱落。

"萱草虽微花，孤秀自能拔。"萱草之花虽"微"，却能孤拔秀丽，优异突出，诗人借以表达超拔自取、卓然独立的人格追求，暗含对弟弟自信人格的赞美。

"牵牛独何畏，诘曲自牙蘗。"牵牛花忍隐屈曲，奔走追求于荆榛之中，无所畏惧，诗人借以表达于逆境中乐观进取、勇于追求的人生态度，暗含对弟弟乐观人生的激励。

萱草、牵牛，如泼乱翠，在一年一度的秋雨中凋零衰败，自然也会在一年一度的春风中再度蓬勃、满目泼翠，这何尝不是一种生命的考验？诗人借以表达一种超然达观的生命态度，这既是对弟弟淡然自取的人生态度的肯定，也是自我勉励。萱草和牵牛花，本是人们眼中再平凡不过的野植，

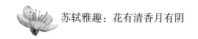

苏轼雅趣：花有清香月有阴

在苏轼的笔下，却成了超拔自励、不甘平庸的生命的象征。

苏轼曾说："古之立大事者，不惟有超世之才，亦必有坚忍不拔之志。"无论顺境，还是逆境，苏轼总能够泰然处之，扛得起命运的击打和人生的担当，"居庙堂之高，则忧其民；处江湖之远，则忧其君"。苏轼是一个后无来者的天才文人，更是一个心系天下苍生的有为官员，为官一任，造福一方。元丰元年（1078 年），徐州发生严重春旱。当时有人传言：将虎头置于潭中，即可致雷雨。作为州官，苏轼曾依其说到离城东二十里远的石潭求雨，并作有《起伏龙行》诗以记其事。得雨后又赴石潭谢雨。其关怀民生之心，从这一求一谢中表露无遗。苏轼于谢雨归来道上作《浣溪沙》组词五首，下面这首《浣溪沙·软草平莎过雨新》为其中最后一首。

软草平莎过雨新，轻沙走马路无尘。

何时收拾耦耕身？

日暖桑麻光似泼，风来蒿艾气如薰。

344

使君元是此中人。

久旱逢雨，如沐甘霖，经雨之后的道上，"软草平莎"，油绿水灵，格外清新；路面上，一层薄沙，经雨之后，净而无尘，纵马驰骋，自是十分惬意。触景生情，自然逗出他希冀归耕田园的愿望，遂脱口而出："何时收拾耦耕身？""耦耕"，指二人并耜而耕，典出《论语·微子》："长沮、桀溺耦而耕。"长沮、桀溺是春秋末年的两个隐者。二人因见世道衰微，遂隐居不仕。是的，何时才能抽身归田呢？面对大自然的可爱和政治上的失意，苏轼情不自禁，心生退意。

"日暖桑麻光似泼，风来蒿艾气如薰。"在春日的照耀之下，桑麻欣欣向荣，闪烁着诱人的绿光；一阵暖风，挟带着蒿艾的薰香扑鼻而来，沁人心肺。此二句虚实相间，有色有香，并生妙趣。"使君元是此中人"一句，画龙点睛，为升华之笔。它既道出了作者"收拾耦耕身"的思想本源，又将作者对农村田园生活的热爱之情更进一步深化。身为"使君"，却能不忘自己"元是此中人"，且乐于如此，确实难能

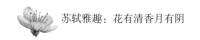

可贵。

　　草木本无心，荣枯自有时。软草、平莎、桑麻、艾蒿，田野里再平常不过的草木，在苏轼的眼里和心里，却是如此的鲜活灵动，温暖迷人。一曲《浣溪沙·软草平莎过雨新》，对田园生活的讴歌，对归耕桑麻的向往，对民生的殷殷关切，失意和得意，种种人生滋味，尽在其中而臻于妙境。


## 无菖蒲，不文人

　　花有四雅，兰花淡雅，菊花高雅，水仙素雅，菖蒲清雅。


　　这是晚明名士文震亨《长物志》中的赞语。自古以来，菖蒲为诸雅之最，被文人墨客誉为"天下第一雅"。

　　《礼记·月令》云："冬至后，菖始生。菖，百草之先生者也，于是始耕。"冬天百草未生，菖蒲就长出来了，可见它的生命力有多顽强。古人名之为"菖"，既有昌盛之意，也有先于百草而生之意。李时珍解释说："菖蒲，乃蒲类之昌盛者，故曰菖蒲。"这大概就是菖蒲名字的由来。

"生涧碛间，采之芬香"，菖蒲是涧溪间丛生的常见绿色植物，从西汉起便有人驯化栽蒲，至今已有两千余年。在相当长时间里，菖蒲是作为仙草灵药存在的。《吕氏春秋》就记载有孔子学周文王吃腌菖蒲，因太苦"缩项而食之"，吃了三年才慢慢习惯。

菖蒲自古就惹人喜爱，是文人最爱的盆景之一，"蒲痴"们多有吟咏诗作传世。如陆游："今日溪头慰心处，自寻白石养菖蒲。"郑板桥："玉碗金盆徒自贵，只栽蒲草不栽兰。"这样一株貌不惊人的小草，何以能讨天下文人墨客之如此欢喜青睐？

惟石昌蒲并石取之，濯去泥土，渍以清水，置盆中，可数十年不枯。虽不甚茂，而节叶坚瘦，根须连络，苍然于几案间……忍寒苦，安澹泊，与清泉白石为伍，不待泥土而生者。

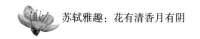 苏轼雅趣：花有清香月有阴

　　菖蒲的生长不依靠植物赖以生存的土壤，卓然自立于幽谷溪畔之上，身怀奇质却安然淡泊，俨然出尘之姿。这是苏轼《石菖蒲赞并序》中的文字，寥寥数语道尽菖蒲为历代文人士大夫所喜爱的原因，苏轼知菖蒲可谓深矣！

　　明代农学家王象晋在其《群芳谱》中也写有如下赞语：

　　乃若石菖蒲之为物，不假日色，不资寸土，不计春秋，愈久则愈密，愈瘠则愈细，可以适情，可以养性，书斋左右一有此君，便觉清趣潇洒。

　　王象晋认为，菖蒲不像一般的花草，一岁一枯荣，它可以历冬不死，四季常青。一丛小小的菖蒲，活泼泼的绿，清幽幽的翠，一尘不染。案头清供，感受的是闲适、安静、清雅之感，体会的是谦逊、孤傲、灵动之美。

　　是的，蒲草本无心，观者养其神，四雅当中，唯菖蒲能小隐于野、大隐于市。文人士大夫之所以喜欢以菖蒲为案头

清供，日夜相伴，是因为菖蒲的精神与"淡泊以明志，宁静以致远"的传统文人秉性相契合。它与清泉白石为伍，不以色好示人，不以花香诱人。正是这种不依附、不逢迎、超然物外的独特气质，深深吸引了历代文人雅士。

苏轼与菖蒲的缘分，是从他二十九岁那年开始的，那一次在山中他第一次遇见一棵野生石菖蒲，突然如他乡遇故知般视为知己，并深深为之着迷，欣喜地称赞菖蒲为"千岁灵物"，为其捡石头蓄清水。在窗明几净的书房里，与之一起写小楷，读《尔雅》，又像一位天真的孩童，兴致勃勃地把弄几案。其《过文觉显公房》诗云：

澜斑碎玉养菖蒲，一勺清泉满石盂。

净几明窗书小楷，便同尔雅注虫鱼。

在《和子由记园中草木十一首》中，苏轼有一首诗专写菖蒲：

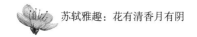

自我来关辅，南山得再游。

山中亦何有，草木媚深幽。

菖蒲人不识，生此乱石沟。

山高霜雪苦，苗叶不得抽。

下有千岁根，蹙缩如蟠虬。

长为鬼神守，德薄安敢偷。


一株山涧野草，有知己如此，夫复何求？从此之后，苏轼在每一次遇到人生转折点时都与菖蒲做伴，为蒲草作诗三十几首，一株蒲草映照出了苏轼大半生的人生际遇。

元丰八年（1085 年），苏轼贬官遇赦，前往登州途中，看到蓬莱阁丹崖山旁的许多弹子涡石时，如获至宝，欣喜万分，第一个想到的就是拿回去养菖蒲。弹子涡为海浪侵蚀所致，时有碎裂，淘洗岁久，皆圆熟可爱，苏轼开心地作诗赠与垂慈堂老人：


我持此石归，袖中有东海。

菖蒲

苏轼雅趣：花有清香月有阴

垂慈老人眼，俯仰了大块。

置之盆盎中，日与山海对。

明年菖蒲根，连络不可解。


　　诗意雅趣的人，总是能从微小的事物中汲取到快乐，每一天都不拒绝自然的馈赠。苏轼每天对着来自山间的菖蒲、来自大海的弹子涡石，似与山海相对，此中乐趣，不足为外人道也。

　　小小蒲草，大雅之物。宋代文人养蒲，一度成为风气。苏轼曾热心地写文告诉大家，清水养蒲时，要丢进几颗文石，这样菖蒲才能扎根在石上，叶子才能变得坚瘦，整株也就更有青翠苍然之意，这就是他的"附石法"。这样的一盆石菖蒲置于案头，仿佛将山水间的幽静和草野之气都引到了眼前，一棵普通的野草，也因此被赋予灵气。

　　苏轼对菖蒲的感情，可谓深重又绵长。据记载，在贬官黄州期间，苏轼曾在慈湖山中取菖蒲数丛，用石盆养之。后由于要出差，陆路羁旅，不便照看，便将珍爱的几盆石菖蒲

寄养在友人九江道士家中。离去之时，万般不舍，还告诉九
江道士，日后路经此地时，定要来探看菖蒲是否安好，关爱
之情溢于言表。

"扬州八怪"之一的金农，曾有一句题画诗："莫讶菖蒲
花罕见，不逢知己不开花。"苏轼多年养蒲，可谓十足的蒲
痴，一次见弟弟苏辙的菖蒲忽开九花，以为瑞象，遂大喜过
望，当即赋诗一首：

春荬秋荚两须臾，神药人间果有无。

无鼻何由识蒉卜，有花今始信菖蒲。

芳心未饱两蛱蝶，寒意知鸣几蟋蛄。

证取明年十二节，小几休更镊霜须。


"人间千花万卉尽荣艳，不敢与此草争芳名。"传说农历
四月十四日（一说四月十六日）是菖蒲的生日，在这一天，
清代"扬州八怪"之首金农特地提笔为菖蒲写真，并作了一
首《难老歌》为菖蒲祝寿。在他的画作题款中，常称菖蒲

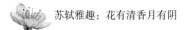 苏轼雅趣：花有清香月有阴

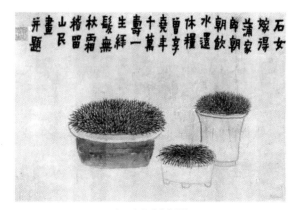

清·金农《菖蒲图》

354

为"蒲郎"，又欲将南山下的"石家女"与"蒲郎"撮合成一对。其《菖蒲图》题曰："石女嫁得蒲家郎，朝朝饮水还休粮。曾享尧年千万寿，一生绿发无秋霜。"

从北宋到清末的几百年间，菖蒲在文人雅士心目中都有崇高的地位，成为文人书房必备的植物，以至后来有"无菖蒲不文人"之说。同时，菖蒲也从身体之药变成心灵之药，文人雅士通过养菖蒲，不断地净化心灵，提高自己的精神境界。

苏轼对于人生的宽容，真是到了一种天真的地步。忧患来临，一笑置之。苏轼一生被贬官数次，但每到一处都能发现新的乐趣。他被贬谪常州时，在常州禅院送给禅师的一首蒲诗，盎然有趣：

碧玉碗盛红玛瑙，井华水养石菖蒲。

也知法供无穷尽，试问禅师得饱无。

……

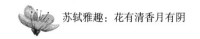 

绍圣元年（1094 年）九月，苏东坡贬官惠州。这时的苏轼，已经过了知天命之年。在广州的蒲涧寺中，苏轼再次遇见菖蒲。恍惚之间，几十年的岁月逝去了，他观濂泉，访蒲涧，挥笔写下《广州蒲涧寺》：

不用山僧导我前，自寻云外出山泉。

千章古木临无地，百尺飞涛泻漏天。

昔日菖蒲方士宅，后来蓇卜祖师禅。

而今只有花含笑，笑道秦皇欲学仙。

苏轼一生的经历，就像是眼前蒲草本性的自然流露，风吹雨打，清香如故，只因他有一棵蒲草一样的天真淳朴和自由的心灵。

"几上玲珑石，青蒲细细生。"菖蒲，生于尘世之中，却怀山野之清，不资寸土，但得泉养。一花一世界，一叶一菩提。山间一株蒲草，看似无人问津，却映照着大千世界，元气淋漓，富有生机。

我有蒲草，静待花开。跟随苏东坡，跟随一株蒲草，于喧嚣尘世中追寻那一份山野之清、心灵之静、生命之美。

　　生活原本如此简单，或许，对于胸有丘壑的人来说，只眼前一丛蒲草，足矣。

第十六卷

此心安处是吾乡：苏轼与禅

禅并不神秘，而是和尘世每一个人的日常生活息息相关。苏轼与禅的不解之缘，除了时代和家庭的熏陶，还与其仕途经历息息相关。

"诗为禅客添花锦，禅是诗家切玉刀。"苏轼用三首诗描写了禅的三种境界，也体现了人生的三种形态。

心有灵犀，辩才无碍。在其孜孜以求的参禅之旅里，苏轼与佛印结下了深厚的情谊。

## 参禅之旅：此生何处是真依

北宋时期，禅宗正发生重大变革，进一步与儒、道融合，向世俗靠拢，当时深厚的学禅之风，为苏轼学禅提供了前因。而苏家几乎人人向佛的家族环境，对苏轼学禅也不无影响。

其父苏洵系云门宗四世圆通居讷皈依弟子，其母程夫人亦系优婆夷。其弟苏辙亦系佛教居士，自言"老去在家同出家，《楞伽》四卷即生涯"。又谓："目断家山空记路，手披禅册渐忘情。"苏轼的续室王闰之亦好佛，妾朝云临终仍颂"一切有为法，如梦幻泡影，如露亦如电，应作如是观"。

禅宗悠然自得的生活方式和"明心见性"的自我解脱方式对于不拘一格、不合时宜的苏轼有着强烈的吸引力。除了时代和家庭的熏陶，苏轼的禅学思想由无到有，由浅入深，直至化境，还与其仕途经历息息相关。

北宋嘉祐元年（1056 年），苏洵、苏轼、苏辙父子三人赴京应考，路过河南渑池时，结识了老僧奉闲，并在奉闲所住的禅院题了诗，时光流转，五年后，苏轼被任命为大理评事签书凤翔府（今陕西凤翔）判官。行至渑池，与时任渑池县主簿的苏辙欢聚。苏辙回想往事，作了一首七律《怀渑池寄子瞻兄》，苏轼也和了一诗，这便是名传千古的《和子由渑池怀旧》。诗中有"人生到处知何似，应似飞鸿踏雪泥"之语，据查慎行的苏轼补注，飞鸿留爪，取自《传灯录》中天衣怀义禅师的话"雁过长空，影沉寒水，雁无遗踪之意，水无留影之心，若能如是，方能解向中行"。由此诗可见，年轻的苏轼已经思考人生，并体验到人生无常。

无论苏轼是受禅影响后发出此感还是与禅的不谋而合，都显示了禅对其已经或可能存在的吸引力，换言之，苏轼已具悟根。

如果说《和子由渑池怀旧》一诗尚有可能是苏轼仅有感而发，不谋而合，并未深谙佛典的话，那么同期写下的《凤翔八观》之四——《维摩像唐杨惠之塑在天柱寺》，则可确定苏轼至少研读过《维摩诘经》。诗中云：

> 今观古塑维摩像，病骨磊嵬如枯龟。
> 乃知至人外生死，此身变化浮云随。

苏轼将维摩诘誉为"外生死""浮云随"的至人，可见他对这种随缘而安、自然自在的居士风范的向往。而他所向往的这种人生态度正是禅宗所吸收并推行的，禅因已生。

苏轼满腹经纶，天才高峻，但在宦海中却屡遭没顶之灾。究竟原因，在于苏氏不投机取巧，不左右逢源，独立不倚，刚正招祸，"一肚皮不合时宜"。正因为如此，他半世生涯都只能在政治斗争的夹缝中过日子，动辄得咎，也正因为如此，他对佛老（老庄）思想（尤其是禅学）产生了浓厚的兴趣，养成了随缘任运、安然洒脱的人生态度。

苏轼第一次遭贬，是三十四岁时因反对王安石的新党变法而出任杭州通判。宋时的杭州寺院林立，名僧众多，他与高僧来往密切，并在此结下禅缘。其弟苏辙在《偶游大愚见

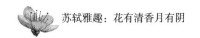
苏轼雅趣：花有清香月有阴

余杭明雅照师旧识子瞻能言西湖旧游将行赋诗送之》一诗中
回忆道：

> 昔年苏夫子，杖屦无不之。
>
> 三百六十寺，处处题清诗。
>
> 麋鹿尽相识，况乃比丘师。
>
> 辩净二老人，精明吐琉璃。
>
> 笑言每忘去，蒲褐相依随。

当然，世上前半生对佛教感兴趣，与僧人交往，只不过
是文人当时以谈禅为高雅的风气使然。嘴上说禅，其内心却
是"用舍由时，行藏在我"。作于熙宁四年（1071年）十二
月的《腊日游孤山访惠勤、惠思二僧》一诗中有"名寻道人
实自娱"一句，大约可以概括苏轼前半期的禅学生涯。在这
段时期，他的诗文更多地强调了禅学与儒学的一致性，认
为"台阁山林本无异，故应文字不离禅"（《次韵参寥寄少
游》），崇尚"虽居庙堂之上，然其心无异于山林之中"的生

活方式。

　　此期他虽未认真、刻意地习禅，但那些禅意无限的文字足以让他安心于人生，在纷杂浮沉的宦海里淡定下来，体味到了寂静自适的禅理禅趣。也正是在这一时期，他和禅宗开始结缘。一方面，苏轼和诗僧交流唱和，相互影响；另一方面，苏轼写了大量颇含禅趣，羡慕禅者随缘自适、清静淡然生活方式的禅诗。

　　苏轼与寺院的交集在唐宋诗人中具有典型性，在他存世的 2700 余首诗歌作品中，光诗题包括"寺""院""僧舍"等字的作品就有 140 余首。元丰元年（1078 年），诗僧参寥来访，苏轼写下《送参寥师》，其中有"阅世走人间，观身卧云岭"一语，表露出以通过寺院体验来实现自我领悟的智慧。可以说，这一时期完成了他吸收禅思想在感性上的准备，为其日后能和禅宗相融打下了基础。

　　元丰二年（1079 年），苏轼因诗被陷，元丰三年贬居黄州，成为他人生道路的转折点。五年的谪居生活，禅对其影响很大，苏轼的思想有了较大变化，并正式习禅。

这一时期，自号"东坡居士"的苏轼所作的禅诗词更重禅理。他除了依然有表现人生无常的"世事一场大梦，人生几度秋凉"，有表现禅趣的"林下对床听夜雨，静无灯火照凄凉"，更突出的是些纯说禅理的诗。元丰七年，苏轼由黄州迁汝州，路经庐山，与东林寺常总长老同游并作下《赠东林总长老》，同时作下了著名的禅理诗《题西林壁》和《庐山烟雨》。

政治上的挫折，使他更加倾心空门，深入三藏。

刚到黄州时，苏轼寓居定慧院，随僧素食，宦海风波的险恶使他灰心钳口。在《与程彝仲推官书》中，他写道："但多难畏人，不复作文字，惟时作僧佛语耳。"这一时期，他结识了佛印禅师，重晤了诗僧参寥，三人后来成了挚友。

绍圣元年（1092 年），新党再度执政，五十七岁的苏轼被贬惠州，途中路过金陵（今江苏南京），游崇因寺，见宗袭长老。时崇因寺新塑观世音菩萨像，苏氏于像前礼拜并发愿："吾如北归，必将再过此地，当为大士作颂。"后果于六年后北返时，为作《观世音菩萨颂》。

南迁途中，过曹溪南华寺，见到六祖惠能真身，苏轼不禁老泪纵横，百感交集，作《南华寺》一首：

云何见祖师，要识本来面。

亭亭塔中人，问我何所见？

可怜明上座，万法了一电。

饮水既自知，指月无复眩。

我本修行人，三世积精炼。

中间一念失，受此百年谴。

抠衣礼真相，感动泪雨霰。

借师锡端泉，洗我绮语砚。

此诗通篇咏六祖事迹，用《坛经》之典。引人注目的是，在这一禅宗祖庭，诗人重新发现了自己——"我本修行人"。在他看来，人生的祸福苦乐，都决定于一念之间，应物处世只决定于主观的认识和态度，表现出一种不以物喜、不以己悲的洒脱情怀。

此后，其禅思想渐渐进入了成熟的忘我期，"面上灭除忧喜色，胸中消尽是非心"，成败皆空，荣辱皆忘。苏轼再谪至海南，作《独觉》诗，其禅思臻于极致，"回首向来萧瑟处，也无风雨也无晴"，是苏轼自己终其一生切身体验到的圆熟禅境。

元符三年（1100年）5月，苏轼被赦内迁廉州（今广西合浦）。六月二十日渡海北还，重游曹溪南华寺。未至前，友人苏贤在南华寺迎候，苏轼先寄一诗题咏，其中"不向南华结香火，此生何处是真依"之语，表达了他暮年对禅宗的真心皈依。

综观东坡的一生，他前期涉及佛教的诗文，往往流露出不堪世事压迫以求解脱的心情。而到后期，则能以透脱的教理来认识世界，看待苦海中的人生，作飒然出离之想。他利用佛教对人生进行理智的思索，深刻的反省，培养出一种超然洒脱、与世无争的襟怀，求得心理上的平静安宁。这种观念与儒家的入世思想相互为用，既矛盾又统一，使他处于危难之间不惧不馁，不悲不忧，而机遇来临之时又能坚持其以仁政治国的崇高理想，奋斗不已。

"禅宗没有任何形式的教条，没有至高无上的神，实际上是一种观察、生活、行为的方式。"归根到底，苏轼是吸收了这种观察、生活、行为的方式，达到了"也无风雨也无晴"的境界。

## 禅有三境，达者自知

禅宗六祖慧能说："若欲修行，在家亦得，不由在寺。"禅其实并不神秘，和世间每一个人息息相关；禅是对大自然一草一木的喜悦，是悟道者心中的感悟，是红尘中芸芸众生心灵的依托。这样的感悟和喜悦是从心底流出来的，这样的禅境，给了我们这些世俗人最大的宽容和信心。

"春如梦，夏如滴，秋如醉，冬如玉"，庐山素以雄、奇、险、秀闻名于世，苏轼曾几度登临于此，并留下了数篇和庐山有关的诗文，其中三首小诗，意蕴丰富，恰好写出了禅悟的三种境界，也体现了人生的三种样态。

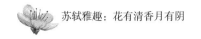

其一，《题西林壁》：参禅前的迷悟。

元丰七年（1084 年），苏轼由黄州贬所改迁汝州团练副使，五月途经九江，与友人参寥同游庐山。十多天里，苏轼游山玩水，吟诗饮酒，心情格外清爽。最后，苏轼来到了净土祖庭东林寺，饶有兴致地参观了整个寺院，这一天，他们来到东林寺隔壁的西林寺，只见西林塔里尽是前人写的诗句，苏轼脑海中思绪万千，想起自己人生坎坷，宦海沉浮，远近高低，起起落落，犹如一梦。于是，他的灵感如涌，拿起毛笔，饱蘸浓墨，在墙上龙飞凤舞，写下了《题西林壁》：

横看成岭侧成峰，远近高低各不同。

不识庐山真面目，只缘身在此山中。


这是一首写景诗，又是一首哲理诗，哲理蕴含在对庐山景色的描绘之中。庐山横看绵延逶迤，崇山峻岭，郁郁葱葱连环不绝；侧看则峰峦起伏，奇峰突起，耸入云端。从远处和近处不同的方位看庐山，所看到的山色和气势又不相同。

之所以从不同的方位看庐山，会有不同的印象，原来是因为"身在此山中"。只有远离庐山，跳出庐山的遮蔽，才能全面把握庐山的真正仪态。全诗紧紧扣住游山谈出自己独特的感受，借助庐山的形象，用通俗的语言深入浅出地表达哲理，耐人寻味。

不仅如此，《题西林壁》还融入了浓厚的禅家思想。"横看成岭侧成峰，远近高低各不同"，绝不仅仅是一般的描绘物状，咏叹山水，也绝不仅是对宇宙人生保持着一种任运自在的恬淡心境，这两句恰恰体现了禅宗"自识本心、自见本性"的深奥义理。禅宗思想中有很强烈的辩证光影，主张对事物应跳出自我，从不同角度、不同层次，高屋建瓴地看问题，才可能全面正确地认识事物的本来面目，直达真如真理。但是一般人由于执着自我、执着境遇，往往一叶障目不见泰山，因而迷失本性，看不清事物的本来面目。《题西林壁》恰是这种禅家思想的深刻体现，倘人不跳出庐山，不超越自我，很难认得庐山真面目；而人若固执己见，仅以一孔之见，妄断是非，岂能不导致片面与极端？

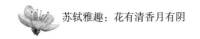

庐山是苏轼的心灵故乡，令他如此的迷恋：横看、侧视、远眺、近观、高瞻、俯瞰，对庐山诸峰奇妙的造化与形态感到意趣盎然。虽然百般执着，万分难舍，可还是弄不清它的本来面目，就是因为还没有真正超脱，不能高屋建瓴、知根达源，所谓"只缘身在此山中"。

庐山是一座充满禅境的宝山，看不清山的全貌，是因为身在其中。同样，人之所以迷惑，是因为心被欲望、偏见、执念蒙蔽了。晓得庐山真面目，也就晓达人生极境了。

《题西林壁》是一首妇孺皆知的禅理诗，它不单单是诗人歌咏庐山的奇伟景观，同时也是苏轼以哲人的眼光从中得出的真理性认识，可谓"出新意于法度之中，寄妙理于豪放之外"。题诗完毕，苏轼把笔一掷，慨然说道：谱庐山诗尽矣！黄庭坚谓之"吐此不传之妙"。

其二，《赠东林总长老》：参禅时的顿悟。

在苏轼的心里，天地万物不是无情的，都是天地智慧和禅意的显现。有一年，苏轼游庐山住在东林寺，与寺内的照觉、常总两位法师谈论禅法。在法师的辩解下，苏轼忽有省悟。黎明时，听着叮咚溪水声，满眼青翠山色，苏轼提笔写诗，送给东林总长老。诗曰：

溪声便是广长舌，山色岂非清净身。

夜来八万四千偈，他日如何举似人。

显然，与照觉、常总两位智者谈话后，晚上苏轼没有立刻入睡，他也许躺在禅房内简陋的床上，听着窗外的溪水声、风声，思考着天地间最为奥妙的思想。

似睡非睡间，苏轼的内心一定被大自然的声音感动了。在他听来，溪水声就是"广长舌"，而山色清净，正是如来的"清净身"。在佛教传说中，释迦牟尼有 32 种化身，其中之一为"广长舌"，这个化身的突出特点就是他的舌头非常长，伸出来可以覆盖整个头脸。广长舌的形象虽然有点古怪，却是为了表明释迦牟尼善于说法的智慧。至于"清净身"，则是释迦牟尼的真身，清净通透，一如洁净的灵魂。

"心能转物，即同如来。"在诗人的耳中，潺潺的流水

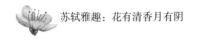

声，就好像佛陀说法的声音。在诗人的眼中，这青翠的山峦，不也正是佛陀的法身吗？一夜之间便是八万四千偈的妙谛，悉心领会了，他日便可教化众生。

东林常总是禅宗黄龙派创始人黄龙慧南的弟子，在禅宗地位崇高，他见了这首诗偈，认为苏东坡领悟了佛法无边、遍及万物的道理，已达"悟"的境界。以此为机缘，苏东坡便正式归入黄龙派东林常总门下，后世称"东坡居士"，自此开始。

苏轼的这首诗偈，后来演变成禅宗一段著名公案。证悟禅师和庵元禅师聊到这首诗偈，发生了争论。证悟认为苏东坡这首诗偈境界很高，庵元则认为苏轼还只是个"门外汉"。证悟一夜不眠，参详未得，黎明时忽闻钟声响起，恍然大悟，也写了一首诗偈：

东坡居士太饶舌，声色关中欲透身。

溪若是声山是色，无山无水好愁人。

在两位禅师看来，苏轼的诗偈境界虽高，但还是"着了相"：难道没有溪声山色，就不闻佛法了吗？佛法自在心中，又何须向外界去求？那钟声终于敲开了证悟的心扉！

　　其实，两位禅师所论，正是苏轼下面悟到的又一境界。

　　其三，《观潮》：参禅后的醒悟。

　　庐山烟雨浙江潮，未到千般恨不消。

　　到得还来别无事，庐山烟雨浙江潮。

　　庐山峰峦间的烟雨，钱塘江奔涌的潮水，总能给苏东坡最深的人生感悟，在这首诗里，两者融会在一起，成就了这首千古佳作。诗的大意是：

　　庐山美丽神秘的烟雨，钱塘江宏伟壮观的潮汐，很值得去观赏一番。无缘去观赏庐山的烟雨和钱塘江的潮汐，是会遗憾终身的。等到终于亲临看到了那些蒙蒙烟雨和澎湃潮水，却没有了什么特别的感受，只觉庐山烟雨就是庐山烟雨，浙江潮水就是浙江潮水。

据说这是苏轼在临终之时给小儿子苏过手书的一道偈子。苏轼结束了长期流放的生活，从一个踌躇满志、一心从政报国的慷慨之士，慢慢变成一个从容面对、参透生活禅机的风烛老人。听说小儿子将去就任中山府通判，心有感慨，于是写下了此诗。

此诗看似简单，其实不然，其特别之处，就在于本诗的第一句与最后一句是重复之句，"庐山烟雨浙江潮"的重复出现终究成了解读的热点。

一种观点是"不过如此"。庐山烟雨浙江潮，是理想的目标，每个追求者都为之魂萦梦绕，不惜任何代价，一定要一睹为快。如果追求受挫，则此心决无安定之时。等到有朝一日，终于实现了自己的梦想，欣赏了这两个地方的景致后，这才觉得它们虽然美丽，却似乎并无特别之处，感叹："不过如此！"

另外一种观点是"正是如此"。首句为想象、听说中之景，末句为目睹观后之景，心中的追求得到了满足，没有失落，没有遗憾。很多人终身在追寻某种东西，未追求到手时痛苦，追求到手后厌倦、无聊，觉得"不过如此"，这样一来，人生便像钟摆一样在痛苦和无聊之间做空虚而沉闷的摆动。而具备了平常心，体验了生活禅，在实现了自己朝思暮想的目标时，在看到了"庐山烟雨浙江潮"之后，就会发出会心的微笑："正是如此！"

读苏轼这首诗，一定能让你想到南派禅宗六祖慧能那首著名的《菩提偈》：

菩提本无树，明镜亦非台。

本来无一物，何处惹尘埃？

《观潮》简洁而不简单，其真正的含义，非历经万般人生磨炼的人不能悟解。

"佛法无边寺有墙"，苏轼参禅三个层次，正如慧能弟子青原行思禅师说的参禅三个阶段：参禅前，看山是山，看水是水；参禅时，看山不是山，看水不是水；参禅后，看山仍是山，看水仍是水。

六祖惠能画像

"千江有水千江月，万里无云万里天。"禅可以是一种智慧，也可以是一种人生态度，禅有时候其实什么都不是，禅就是人心。

"如人饮水，冷暖自知"。禅的意境，早已经超越了语言文字，只可意会，不可言传，所谓"此中有真意，欲辨已忘言"是也。

## 心有灵犀，辩才无碍

在苏轼与禅的不解之缘里，佛印禅师是与他情谊最为深厚的高僧，他们之间的情谊远远超越了师徒之间的情感，成为亦师亦友的典范。苏轼与佛印来往频繁，两人相处无拘无束，不仅经常辩论佛理，有时还相互戏谑，从中取乐。他们之间的逸事典故，在宋人笔记中多有记载，成为历代佛子和烟尘世人津津乐道的佳话，以下略举数例。

佛印入佛门不久，苏轼有一次在宴席上戏谑说："以前我曾与您谈及古人诗云'时闻啄木鸟，疑是叩门僧'。又云

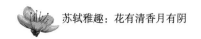

'鸟宿池边树，僧敲月下门'，我们经常叹息，古人常以僧对鸟，言语中有轻薄僧人之意。不承想今日禅师你也出家为僧。"佛印说："所以，老僧今日得对苏学士。"两人哈哈大笑，苏轼由此更加喜欢佛印禅师的辩才。

佛印虽是出家人，却顿顿不避酒肉。这日，佛印煎了鱼下酒，正巧苏轼登门来访。佛印急忙把鱼藏在大磬（木鱼）之下。苏轼早已闻到鱼香，进门不见，心里一转计上心来，故意说道："今日来向大师请教，'向阳门第春常在'的下句是什么？"佛印对老友念出人所共知的旧句深感诧异，顺口说出下句："积善人家庆有余。"苏轼抚掌大笑，"既然磬（庆）里有鱼（余），那就积点善，拿来共享吧。"

苏轼与佛印在杭州一同游山玩水，一日，苏轼见到一座山峰高峻峭拔，就对佛印禅师说："这是何山？"佛印回答："此是飞来峰。"苏轼说："你为何不飞过去。"佛印说："一动不如一静。"苏轼说："若欲静来如何？佛印说："既来之则安之。"苏轼会心一笑。

一日两人来到一寺门前，见到新塑的两尊金刚，苏轼问

380

佛印："两尊金刚，哪一尊更尊贵。佛印说："那尊抱拳的金
刚更尊贵。"两人行至佛殿前，见到有供佛之人，罗列各种
斋供，摆出各种香烛。苏轼又问佛印："金刚尊大，却没有人
为其设斋供养，这是为何呢？"佛印说："金刚守护门户，恃
势张威，降魔护法，无人预先为其设斋供养。所以，有人作
诗嘲笑金刚云：'正眉怒目挺精神，捏合从来假共真。刚彼法
门借权势，不知身自是泥人。'"

　　苏轼某次陪同佛印游天竺寺，见到观世音菩萨手持一
串佛珠。苏轼问佛印说："观音既然是佛，为何又手持佛珠，
这是何意呢？"佛印说："也不过是念诵佛号罢了。"苏轼问：
"念何佛号？"佛印回答："也只是念观音佛号。"苏轼说："他
自己是观音，为何要自诵自号，这是什么缘由？"佛印说：
"求人不如求己。"

　　苏轼到阳羡（今江苏宜兴），停舟瓜洲（江苏扬州），想
顺便到镇江金山寺拜望佛印禅师，提前修书一封给佛印禅
师，书云："不必出山，当学赵州上等接人。"佛印收到书信，
便来到山门口迎接苏轼，苏轼笑着问佛印为何到山门口迎

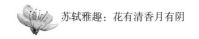

接，佛印以偈回答：

> 赵州当日少谦光，不出山门迎赵王。
> 争似金山无量相，大千都是一禅床。

赵州，唐代高僧，禅宗第四代传人。当年赵州从谂禅师住持赵州观音院时，一次赵王前来拜望，侍者告诉赵州禅师说有赵王来拜望。赵州禅师并没有出门迎接。赵王只得来到赵州禅师禅床旁拜望赵州禅师。等赵王走后，侍者问赵州禅师为何不出山门迎接赵王。禅师说："我接人有个原则，上等人来，我在禅床上以本来面目迎接；中等人来，我在客堂门口迎接他；下等人来，我在山门口以世俗的礼节接待他。赵王前来，我在禅床上迎接。这是最高的礼节，这就是不接而接。"佛印禅师则反用其意，指出自己虽然在山门口迎接苏轼，这其实是最高礼节，因为在佛印禅师看来，大千世界都是一禅床。因此，自己在山门口接待苏轼，与赵州禅师在禅床上接待一样。苏轼听偈之后，对佛印禅师大为叹服。

佛印禅师画像

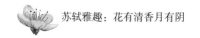

　　苏轼和佛印乘船游览瘦西湖，佛印大师突然拿出一把题有东坡居士诗词的扇子，扔到河里，并大声道："水流东坡诗（尸）！"当时苏轼愣了一下，但很快笑指着河岸上正有在啃骨头的狗，吟道："狗啃河上（和尚）骨！"

　　苏轼和黄庭坚住在金山寺中，有一天他们打面饼吃。二人商量好，这次打饼不告诉寺中的佛印和尚。一会儿饼熟了，两人算过数目，先把饼献到观音菩萨座前，殷勤下拜，祷告一番。不料佛印预先已藏在神帐中，趁二人下跪祷告时，伸手偷了两块。苏轼拜完之后，起身一看，少了两块饼，便又跪下祷告说："观音菩萨如此神通，吃了两块饼，为何不出来见面？"佛印在帐中答道："我如果有面，就与你们合伙做几块吃吃，岂敢空来打扰？"

　　苏轼和佛印经常一起参禅、打坐。佛印老实，总被苏轼欺负。苏轼有时候占了便宜很高兴，回家就喜欢跟妹妹苏小妹炫耀。一天，两人又在一起打坐。苏轼问：你看看我像什么啊？佛印说：我看你像尊佛。苏轼听后大笑，对佛印说：你知道我看你坐在那儿像什么？就活像一堆牛粪。这一次，佛印又吃了哑巴亏。苏轼回家，苏小妹听后对他说，就你这个悟性还参禅呢，参禅的人最讲究的是见心见性，你心中有眼中就有。佛印说看你像尊佛，说明他心中有尊佛；你说佛印像牛粪，想想你心里有什么吧！苏轼顿时尴尬不已。

佛印和尚好吃，每逢苏轼宴会请客，他总是不请自来。有一天晚上，苏轼邀请黄庭坚去游西湖，船上备了许多酒菜。游船离岸，苏轼笑着对黄庭坚说："佛印每次聚会都要赶到，今晚我们乘船到湖中去喝酒吟诗，玩个痛快，他无论如何也来不了啦。"谁知佛印很早便打听到苏轼要与黄庭坚游湖，就预先在他俩没有上船的时候，躲在船舱板底下藏了起来。

明月当空，凉风送爽，荷香满湖，游船慢慢地来到西湖三塔，苏轼把着酒杯，拈着胡须，高兴地对黄庭坚说："今天没有佛印，我们倒也清静，先来个行酒令，前两句要用即景，后两句要用'哉'字结尾。"黄庭坚说："好！"苏轼先说道：

"浮云拨开，明月出来，天何言哉？天何言哉？"

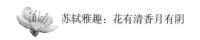

黄庭坚望着满湖荷花，接着说道：

"莲萍拨开，游鱼出来，得其所哉！得其所哉！"

这时候，佛印在船舱板底下早已忍不住了，一听黄庭坚说罢，就把船舱板推开，爬了出来，说道：

"船板拨开，佛印出来，憋煞人哉！憋煞人哉！"

苏轼和黄庭坚，看见船板底下突然爬出一个人来，吓了一大跳，仔细一看，原来是佛印，又听他说出这样的四句诗，禁不住哈哈大笑起来。

苏轼拉住佛印就坐，说道："你藏得好，对得也妙，今天到底又被你吃上了！"于是，三人赏月游湖，谈笑风生。

心有灵犀，辩才无碍，情真意切，幽默诙谐。好看的皮囊千篇一律，有趣的灵魂万里挑一。

第十七卷

溪柳自摇沙水清：苏轼与田园山水

苏轼仕途坎坷，际遇艰辛，唯有山水，始终伴随他漂泊四方。山水排解了尘世喧嚣留下的伤痕与污垢，还复他生命之初的自由与宁静。与山水的静峙与交游，使他洒脱旷达地处世。

秉山川之灵，苏轼"身行万里半天下"，挥毫留下成百上千的山水田园诗词文赋。遥望苏轼，以山水自然为背景，方能感悟其蓬勃旺盛的生命力。山水之美调动了他生命里所有的创造欲望和才智。

## 幸对清风皓月

我欲乘风归去，惟恐琼楼玉宇，高处不胜寒。

起舞弄清影，何似在人间！

这是酒醉失意的苏轼在举杯邀月，于清风明月里一吐胸中块垒。对于抬头即见的皎皎冷月，苏轼虽然心向往之，然酒醒后的他并没有"乘风归去"，依然留在了纷纷扰扰的尘世间。这一方让人欢喜让人忧的热土，依然令他留恋，纵然此后厄运连连，苏轼没有就此沉沦不前，而是抖擞精神，将人生的失意活成了惹人羡慕的诗意，将命运的无奈和无趣，活成了勃勃生机和无限情趣。

无疑，山水田园之乐，在其坎坷的命运中扮演了重要角色。

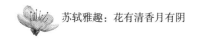 苏轼雅趣：花有清香月有阴

　　苏轼秉山川之灵，四十余年间宦游南北，"身行万里半天下"，所到之处，餐山色，饮湖光，神与物游，思与境偕，一生与山水田园辉映，我们因此看到了其蓬勃旺盛的生命力。

　　沁人心脾的山水风景，流连忘返的田园体验，让苏轼本来困厄迷茫的人生变得润泽明丽了许多，一抹明媚的生命绿色，让其个体生命洋溢着活力与乐趣。

　　综观苏轼的一生，正是山水给了他蓬勃旺盛的生命力，唯其有如此的生命力，才足以应付坎坷的人生际遇。

　　年少的苏轼是成长于自然，山野自然给了他如同大自然的勃勃生命力。其父苏洵喜欢让兄弟俩踏青、登山、游水、放牧牛羊，爬到石头、高山之上，去摘橘柚、松子，去找山梨和栗子。让他们在山水田园的陪伴下自由地成长。苏轼后来多有诗句记述其幼时的这种生活：

　　我昔在田间，但知羊与牛。
　　川平牛背稳。

如驾百斛舟。

舟行无人岸自移，我卧读书牛不知。

前有百尾羊，听我鞭声如鼓鼙。

我鞭不妄发，视其后者而鞭之。

泽中草木长，草长病牛羊。

寻山跨坑谷，腾趠筋骨强。

烟蓑雨笠长林下，老去而今空见画。

世间马耳射东风，悔不长作多牛翁。


此诗写得朴实无华，朗朗上口，我们仿佛听到可爱的苏轼对着空谷呐喊：我再不做这个倒霉官儿了，我要像当年那样，去田野山坡放牧牛羊。

他一旦步入山水清境，便会渐渐摆脱人生经历的凄伤与无奈，与天地自然之气相通而神泰气畅，寻味到人生的欢乐价值。如谪居黄州，却于东坡得地"五十亩，买牛一具"，带家人们日出而作，日入而息，虽"垦辟之劳，筋力殆尽"，但心地安然，"虽劳苦，却亦有味。邻曲逢欣欣"，自比陶渊

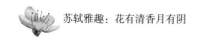 

明有过之而无不及；常于田畔释耒而歌，身心于自然中回归，一扫始贬谪黄州时"数十人缘我得罪，每念至此，觉心肺便有汤火芒刺"的伤感、悲观、内疚的心境。艰苦的物质生活，亲自垦荒种地，让他真正体味着自然和生命的原始意味。

谪居惠州半年，苏轼给朋友写信：来此半年，已服水土，一心无挂虑，因已乐天知命。"日啖荔枝三百颗，不辞长作岭南人"，与岭南之地已相融，"却住一个小村院子，折足铛中，罨糙米饭便吃，便过一生也得"。甚至谪居海南蛮荒之地，更能以不归为归，无地不安，"小儿误喜朱颜在，一笑那知是酒红"，且酒尽情，并和完陶诗120首，与他七百年前的这位先辈取得了精神上的共鸣，从山水田园中获得了一份"悠然"与安适。

苏轼一生，多半与山水相依，山水成为他人生化苦为乐的净化场。对于苏轼这样一个耿直率真的人来说，官场上的尔虞我诈、钩心斗角，于他是不相宜的，他只会被弄得身心疲惫、伤痕累累。而唯有山水大自然的纯洁宁静的氛围，才能替他洗垢疗伤，恢复他的心理平衡，也有助于他重新振奋精神。山水让苏轼意识到除了"事君尧舜"的朝廷，还有一片神奇美丽的人间乐土，还有一种洒脱轻松的生活方式，如他在《满庭芳》中所云：

幸对清风皓月，苔茵展、云幕高张。

江南好，千钟美酒，一曲满庭芳。

田园山水，终于让苏轼快乐起来，消释了对于生命短促、一事无成的悲哀，让他产生了命运自主、超然物外的旷达意识。他试着将生命融入山水，寻获山水之乐，而山水，也使他获得了一种回归生命本原的平和、安然与愉悦。置身这些悦人心怀的田园山水，苏轼重新找回了自己。

## 几时归去，作个闲人

是的，田园山水让苏轼真正获得了一种心灵上的平和和

黄州定惠院遗址

愉悦，面对那些静峙万载的群山、日夜东流的长河、东升西落的明月、香溢四季的百花，苏轼不再烦躁苦恼，他渐渐卸下了沉重的心理负担，深感自然的可贵与荣禄的卑微、山林的清净与官场的污浊、宇宙的永恒与生命的短暂、造化的伟大与人力的渺小。他因此变得更加豁达、洒脱、超然，"一蓑烟雨任平生"，笑对厄运，物我皆忘。

屡遭挫折的苏轼，终于渐渐摒绝尘争，"芒鞋不踏名利场，一叶轻舟寄渺茫"。与其在宦海沉浮里烦恼，不如遁世逸乐："几时归去，作个闲人，对一张琴，一壶酒，一溪云。"

贬官黄州时期，有个叫董毅夫的人罢官东川，归鄱阳，途经黄州，与苏轼相聚多日，董毅夫离去时，苏轼借陶渊明《归去来辞》之意，作《哨遍·为米折腰》词相赠，并"使家童歌之，时相从于东坡，释耒而和之，扣牛角而为之节"，怡然自乐。其词歌曰：

为米折腰，因酒弃家，口体交相累。归去来，谁不遣君归。觉从前皆非今是。露未晞。征夫指予归路，门前笑语

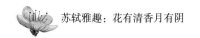

喧童稚。嗟旧菊都荒，新松暗老，吾年今已如此。但小窗容膝闭柴扉。策杖看孤云暮鸿飞。云出无心，鸟倦知还，本非有意。

噫！归去来兮。我今忘我兼忘世。亲戚无浪语，琴书中有真味。步翠麓崎岖，泛溪窈窕，涓涓暗谷流春水。观草木欣荣，幽人自感，吾生行且休矣。念寓形宇内复几时。不自觉皇皇欲何之？委吾心、去留谁计。神仙知在何处？富贵非吾志。但知临水登山啸咏，自引壶觞自醉。此生天命更何疑。且乘流、遇坎还止。


词中"涓涓暗谷流春水""门前笑语喧童稚""观草木欣荣""自引壶觞自醉"之语，着实惹人羡慕。山水之乐，田园之美，苏轼因此宠辱偕忘，"我今忘我兼忘世"，他忘却了自己，也忘却了世界。

从人生的高峰猛然跌至深谷，其中的怨愤和不甘可想而知。"一切景语皆情语"，苏轼在仕途中挫伤累累，太需要排解和超脱，"归去来"便是他抚慰心灵的最佳方法，暂且逃避现实的最佳途径。

黄州，已然成为苏轼的涅槃重生之地，苏轼成全了黄州，黄州也成就了苏轼。在这里，他不再以贬黜为念，反倒神意旷放，灵肉合一。

"遥怜北户吴兴守，诟辱通宵不忍闻。"曾经的他，很疲倦，也很狼狈，很屈辱，也很无助。苏轼在黄州的生活状态，从他写给李端叔的一封信里可见一斑。他在信中说：得罪以来，深自闭塞，扁舟草履，放浪山水间，与樵渔杂处。来到黄州的苏轼，是渐渐觉悟了的苏轼，与以前的自己相比，已然判若两人。

"惊起却回头，有恨无人省。"正是这种难言的孤独，使他彻底洗去了人生的喧闹，去寻找无言的山水，去寻找远逝的古人，在无法对话的地方寻找某种心灵的对接。

苏轼初贬黄州，"寓居去江无十步，风涛烟雨，晓夕百变，江南诸山在几席，此幸未始有也"。"所居临大江，望武昌诸山如咫尺，时复叶舟纵游其间，风雨云月，阴晴蚤暮，态状千万，恨无一语略写其仿佛耳。"再贬惠州，"新居在大

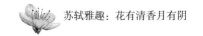

江上，风云百变，足娱老人也"。

在山水面前，苏轼展露了较之山水毫不逊色的豪放与旷达，"九死南荒吾不恨，兹游奇绝冠平生"。是山水赠他满心的快慰。他真的可以旷达起来，对于告老的韩琦，他云："以终身处于忧患之域，而行乎利害之途，岂其所欲哉！"他终于想出世了，"丈夫贵出世，功名岂人杰。家书三万卷，独取服食诀"，他品味到了居于庙堂所不可得的一种放任和轻松，"子知隐居之乐乎？虽南面之君，未可与易也"。面对高山流水，他情不自禁，言由心发："欢游胜如名利。"

伴随着山山水水的驰游旷放，苏轼建立起遗世独立的精神人格，开始禅悟人生，道悟人生，借江山之助，得自然风物的启迪，领悟生命、宇宙的奥理秘义，"此身常拟同外物，浮云变化无踪迹""幽人隐几寂无语，心在飞鸿灭没间"。他的生命终于完全融入了青山绿水，醒与山水共乐，醉与山水同冥，如他在一曲《归朝欢》中所言：

我梦扁舟浮震泽。云浪摇空千顷白。

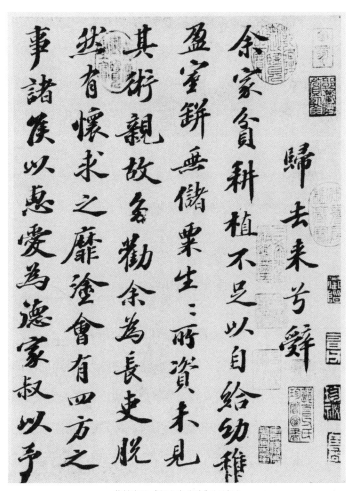

苏轼书法《归去来兮辞》（局部）

觉来满眼是庐山，倚天无数开青壁。

"抬眸四顾乾坤阔，日月星辰任我攀。"在直面大自然的凝思中，他渐入超脱的精神境界，真正体会到了生命的伟大和无限。

异乎常人的多难，异乎常人的旷达，置于山光水色之中的苏轼，终于迸发出了最精彩最耀眼的生命光芒。

## "一点浩然气，千里快哉风"

"山水之乐，得之心而寓之酒也。"面对青山碧水，与自然相亲相和，何尝不是一件人生快事？这些天生与山水田园有着不解之缘的才子文人们，不仅把那些山水之乐变成了动人的文字，也在宁静的田园之间找到了真正的自己。

古往今来，几乎所有的才子文人，莫不有着与生俱来的的山水情怀，对田园生活情有独钟；对于苏轼，山水之美和田园之乐似乎有着更为独特的意义，有着别样的文化意义。

"不将新句记兹游，恐负山中清净债"，山水胜境是如此之美，又岂能任它默默无闻，辜负上天之赐，应当为天下共知，为天下人共赏才对。魏晋之后，以山水歌咏体现生命价值已成士林之风，文人们不但乐游山水，而且乐为山水礼赞，将之提升到安身立命的高度，成为文人们一种自觉的人生追求。苏轼更是忘情于山水，以其先天之智，后天之勤，创造了另一个高度。

　　苏轼把山水自然当作"诗本"，认为山水自然才是创作的源泉，"天怜诗人穷，乞与供诗本"。纵览一部《苏东坡全集》，苏轼在朝任职期间的创作远远地逊色于外任与谪居时期的创作，而这种反差尤其强烈和明显地表现在山水文学作品上；比如他在京所作便几乎没有一篇传世之作。对此，苏轼曾有所总结："某江湖之人，久留辇下，如在樊笼，岂复佳思也。"所以他留恋山水清境，认为山水才是创作的理想环境，如他在《次韵答王巩》中所咏：

　　顾我无足恋，恋此山水清。

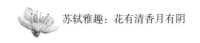 

新诗如弹丸，脱水不暂停。

苏轼的生花妙笔，一遇到迷人的山水，更加的流畅圆润，左右逢源，文思汩汩而出，而他一生的谪居外任天南海北，恰恰成全了他成就山水诗篇卓绝千古的条件。

熙宁四年（1071 年），苏轼上书谈论新法的弊病。王安石很愤怒，让御史谢景在皇帝跟前说苏轼的过失。苏轼于是请求出京任职，被派往杭州任通判，巡查富阳期间，乘舟途中经过七里濑，面对一片大好山水，心有所感，写下《行香子·过七里濑》：

一叶舟轻，双桨鸿惊。水天清、影湛波平。鱼翻藻鉴，鹭点烟汀。过沙溪急，霜溪冷，月溪明。

重重似画，曲曲如屏。算当年、虚老严陵。君臣一梦，今古空名。但远山长，云山乱，晓山青。

上片写水，下片写山，清新明丽，刚柔并济，所有的意境都蕴藏在了这一山一水之中，广渺闲适而又韵味深远。

　　古代文人常以拥有适性之山水为要，苏轼更是畅言山水乃天赐贬客逐臣之无尽宝藏。他倾倒于东南山水，深情吟道："东南山水相招呼，万象入我摩尼珠。"领略杭州之美后，悠然一叹："平生所乐在吴会，老死欲葬杭与苏。"其《前赤壁赋》云：

　　且夫天地之间，物各有主；苟非吾之所有，虽一毫而莫取。惟江上之清风，与山间之明月，耳得之而为声，目遇之而成色，取之无尽，用之不竭，是造物主之无尽藏也，而吾与子之所共适。

　　置身于"宝藏"的山水中，苏轼发现了山水和山水人生的美，发现了以文笔表现这种美的生命价值，所以苏轼纵情于以文载游，贬谪之路自然也就成了他跃居文学高峰的台阶。

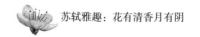
元丰二年（1079年），突如其来的"乌台诗案"，苏轼被贬为黄州团练副使，其弟苏辙也受牵连被谪为监筠州盐酒税务。元丰五年（1082年），苏辙到黄州看望苏轼，兄弟二人载酒泛流，到武昌西山上的九曲亭游玩。为了宽勉哥哥贬谪黄州，苏辙写有一篇《武昌九曲亭记》，其中有文字云：

子瞻迁于齐安，庐于江上。齐安无名山，而江之南武昌诸山，陂陁蔓延，涧谷深密，中有浮图精舍，西曰西山，东曰寒溪。依山临壑，隐蔽松枥，萧然绝俗，车马之迹不至。每风止日出，江水伏息，子瞻杖策载酒，乘渔舟，乱流向南。山中有二三子，好客而喜游。闻子瞻至，幅巾迎笑，相携徜徉而上。穷山之林，力极而息，埽叶席草，酌酒相劳。意适忘返，往往留宿于山上。以此居齐安三年，不知其久也。

"适意为悦"，流连忘返。身为"戴罪"之人，身处贬谪之地的苏轼，却于山水之间玩得忘乎所以，那份洒脱和磊落，着实让人叹为观止。"何夜无月，何处无松柏，但少闲人如吾两人者耳。"优哉游哉，怡然自乐的背后，是对山水之乐的悟解，更是对人生意义的阐释。

寄情山水，其乐无比，山水的真率美，卸去了他身上沉重的束缚，铅华洗尽，返璞归真，一颗原本无染的心，重返他曾拥有的透彻与空灵。这样真率的醉游与真诚的情谊，又岂庙堂之士所可得？

"我本无家更安往，故乡无此好湖山。"每到一处，苏轼就以那里的山水为家，把自己全身心地投入自然之中，求得与自然亲密无间的融合。苏轼把山水看作与人相亲相和的统一体，故而其笔下的山山水水，倾注了他全部的生活激情和勃发的生命意识，田园山水成为他生命不可或缺无可避免的有机组成。

当他远贬海南，山水给他以精神的安慰，他闻天籁而精神振奋，"千山动鳞甲，万谷酣笙钟。安知非群仙，钧天宴未终"。当他在漫漫路途中时，山水是他最忠实的朋友，"幸有清溪三百曲，不辞相送到黄州"，他视山水为善解人意、

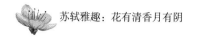苏轼雅趣：花有清香月有阴

亲切有味的良伴，"东风知我欲山行，吹断檐间积雨""野桃含笑竹篱短，溪柳自摇沙水清""我在尘土中，白云呼我归。我游江湖上，明月湿我衣"。当他遇赦时，草木亦通他意，"山寺归来闻好语，野花啼鸟亦欣然"，只因他对山水一往情深，"可惜一溪风月，莫教踏碎琼瑶"。而当他离儋州返中原时，亦只有茫茫海天可寄千种感慨，万种情怀，他迎风长啸："余生欲老海南村，帝遣巫阳招我魂。杳杳天低鹘没处，青山一发是中原。"在与山水的对话里，山水是他的知音，"只乐听山鸟，携琴写幽泉"；亦是他生命的归宿，"残年饱饭东坡老，一壑能专万事灰"。

"一点浩然气，千里快哉风。"宦海浮沉，苏轼始终寄情山水，保持傲岸之心、旷达之怀、睿智之性。"久居樊笼里，复得返自然"，无山水，则无苏轼，山水助他参悟人生，赋予他生命真谛，正所谓"此中有真意，欲辨已忘言"。

山水之美，永远让人如此无法忘怀。"沧浪之水清兮，可以濯我缨。沧浪之水浊兮，可以濯我足。"这首先秦民歌，到苏轼这里再出新意："莫作孺子歌，沧浪濯吾缨。吾诗自堪

唱，相子棹歌声。"这是他的继承和创造，也是他的自信和得意。一脉相承的山水之恋，尤其让苏轼颇有些灰暗抑郁的人生平添几多绿意盎然，苏轼不朽，其生机和活力就在他蓬勃而出的山水生命里，如他在《怀西湖寄晁美叔同年》中所咏叹：

嗟我本狂直，早为世所捐。

独专山水乐，付与宁非天。

……

应逢古渔父，苇间自延缘。

问道若有得，买鱼勿论钱。

第十八卷

正是河豚欲上时：苏轼与美食养生

民以食为天，苏轼当然也不例外。除了那些空前绝后的文学成就，苏轼还是一个大名鼎鼎的美食专家和养生达人。无论坎坷的仕途，还是命运的困顿，都没有消磨他对尘世生活的无限热爱，他的生命也因此妙趣横生，有滋有味。

"文章千古事"，美食传古今，美食总是与美文相伴。苏轼不仅创制出了中外驰名的"东坡"系列美食，还因此写下了许多脍炙人口的美丽诗篇，这是苏轼留给后人的又一笔宝贵精神财富。

## "东坡"系列美食何其多

古云"民以食为天"，世间每一个人最原始、最真切的生命感受，当是从舌尖上的味道开始的。

柴米油盐酱醋茶，无非妙道，凉热酸甜苦辣咸，皆在道场。热爱生活的苏轼尤其品得个中真味，堪称名副其实的"吃货"，一代美食高手，并因此给后世留下了有声有色有味的"东坡"系列菜。

其一，肥而不腻"东坡肉"。

有关"东坡肉"的典故说法，有一个版本是在黄州。

当年苏轼谪居于此，发现肥腻的猪肉在当地不大受待见，不仅富人不吃，穷人也不大会做。据说有一天，苏轼家里来了客人，他就烹制自己喜欢吃的猪肉待客。猪肉下锅，加入水和调料，以微火慢慢煨着。他便和客人下棋，两人对弈，兴趣甚浓，直至终局，苏轼才猛然想起锅中之肉。他原

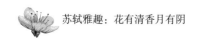 

以为一锅猪肉定会烧焦，急忙进厨房，却顿觉香气扑鼻。揭锅一看，块块猪肉色泽红润，形整不散，软烂如腐。此菜端上餐桌，客人和他尝罢，都觉得这菜汁浓味醇，糯而不腻，十分可口。苏轼由此受到启发，便经常烹制这道菜，有客待客，没客自食，并因此写有一首《猪肉颂》：

洗净铛，少著水，柴头罨烟焰不起。

待它自熟莫催它，火候足时它自美。

黄州好猪肉，价贱如泥土。

贵者不肯食，贫者不解煮。

早晨起来打两碗，饱得自家君莫管。

苏轼喜欢吃猪肉，又善于烹制猪肉菜肴，再加上他是名满天下的大诗人，黄州人民十分敬仰他，便以他创制的这道菜命名为"东坡肉"。后来，有厨师在创新传统菜时，在"东坡肉"里加了两种蔬菜原料：冬笋、菠菜，取"冬"的同音"东"和"菠"的谐音"坡"，命名为"东（冬）坡

（菠）菜"。

该典故的另一个的版本是在杭州。

苏轼第二次回杭州为官，由于疏于治理，那时的西湖早已淤堵不堪。他上任后，发动数万民工除葑（古指芜菁）田，疏湖港，把挖起来的泥堆筑了长堤，并建桥以畅通湖水，使西湖秀容重现，又可蓄水灌田。当地百姓赞颂苏轼为地方办件好事，听说他喜欢吃红烧肉，到了春节，都不约而同地给他送猪肉，来表示自己的心意。苏轼收到那么多的猪肉，觉得应该同数万疏浚西湖的民工共享才对，就叫家人把肉切成方块块，用他的烹调方法烧制，连酒一起，按照民工花名册分送到每家每户。他的家人在烧制时，把"连酒一起送"领会成"连酒一起烧"，结果烧制出来的红烧肉，因此更加香酥味美，食者盛赞苏轼送来的肉烧法别致，可口好吃。众口赞扬，趣闻传开，当时向苏轼求师求教的人中，除了来学书法的、学写文章的外，竟也有人来学烧"东坡肉"。后农历除夕夜，当地民间家家户户都制作东坡肉，用来表示对苏轼的怀念之情，东坡肉遂流传至今。

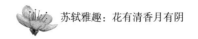

其二，鲜美无比"东坡鱼"。

苏轼平生最爱吃鱼，当年他吃鱼常常是自己动手烹制，流传现在的各种"东坡鱼"的做法，应该还是在苏东坡的时候创制的。

在黄州时，苏轼曾写有《煮鱼法》一文，详细介绍了他当年做鱼的方法：

以鲜鲫或鲤鱼治斫，冷水下。入盐于堂法，以菘菜笔之，仍入浑。葱白数茎，不得掩半，熟入。生姜、萝卜汁及酒各少许，三物相等，调匀，乃下。临熟，入桔皮片，乃食。

苏轼还写有一首《鱼蛮子》，记述了当时他亲自和渔家一起飞舟捕鱼，逮到了就在船上煮着吃的惬意生活：

擘水取鲂鲤，易如拾诸途。

破釜不著盐，雪鳞芼青蔬。

其三，千年不衰"东坡饼"。

"东坡饼"又名空心饼、千层饼，是湖北地区特色传统美食之一。关于"东坡饼"名称的由来，也流传有两个版本。

一个版本是，当年苏轼被贬海南儋州，当地有一位卖环饼（又称馓子）的年迈守寡老妪，她的手艺好，环饼质量高，可是因为店铺偏僻，鲜为人知，所以生意一直不好。老妪得知苏轼是著名文学家，就请他为店铺作诗。苏轼怜悯她生活贫苦，环饼手艺又委实不错，就挥笔写下一首七绝：

纤手搓来玉数寻，碧油轻蘸嫩黄深。

夜来春睡浓于酒，压褊佳人缠臂金。

寥寥数句，勾画出环饼匀细、色艳、酥脆的特点和形似美人环钗的形象。老妪将此诗高悬门上，果然顾客盈门，生意兴隆，后来当地百姓为纪念苏东坡，就名之以"东坡饼"，

并在儋州流传至今。

　　另一个版本是，苏轼被贬黄州时，他除了"赤壁之游乐乎"外，也常去隔江相望的西山游览。一天，西山灵泉寺的僧人们为款待这位名士，特地制作了一种油炸饼。苏轼见此饼呈淡黄色，且玲珑剔透，如象牙雕成似的。观赏良久，待放进嘴里，顿觉香甜酥脆，口味极佳。连忙问僧人为何这般好吃，僧人答曰：因寺内有四眼泉，泉水极佳，此饼是汲了四泉之水调制而成，所以好吃。东坡听罢，连连叫绝，喜曰："尔后复来，仍以此饼饷吾为幸！"自此，每逢苏轼到来，寺僧便以此饼招待，并以"东坡饼"名之。此后，"东坡饼"逐渐流传开来，成为黄州府的地方名产。

　　其四，别具风味的"东坡豆腐"。

　　湖北黄州的豆腐自古出名，北宋民间就流传有这样的歌谣：

　　　过江名士开笑口，樊口鳊鱼武昌酒。

　　　黄州豆腐本味佳，盘中新雪巴河藕。

如此一道人间美味，精于烹饪之道的苏东坡，自然不会放过，亲自操勺。名品豆腐加上名人烹制，果然独具一格：酷似猪肘，质嫩色艳，鲜香味醇，人称"东坡豆腐"。苏东坡曾有诗云："煮豆作乳脂为酥，高烧油烛斟蜜酒。"

　　"东坡豆腐"的制作方法，曾被南宋钱塘人林洪记入《山家清供》一书。以黄州豆腐为主料，将豆腐放入面粉、鸡蛋、盐等制成的糊中挂糊，再放入五成热的油锅里炸制后，捞出沥油；锅内放底油、笋片、香菇和调味料，最后放入沥过油的豆腐，煮至入味，出锅即成。

　　其五，念念难忘"东坡羹"。

　　东坡羹是苏轼在被贬黄州时所发明的一种美食，实际上就是野菜和米煮成的糊糊。蔓菁、芦菔、苦荠，揉洗数遍，去辛苦汁，和米煮成的，做法比较讲究一点。晚年的苏轼被贬广东惠州，从韶州经过，南岳狄长老特做"东坡羹"招待他，他高兴地写下了《狄韶州煮蔓菁芦菔羹》诗：

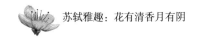

我昔在田间，寒庖有珍烹。

常支折脚鼎，自煮花蔓菁。

中年失此味，想象如隔生。

谁知南岳老，解作东坡羹。

中有芦菔根，尚含晓露清。

勿语贵公子，从渠醉膻腥。


　　当然，以"东坡"命名的系列美食还有很多，如东坡肘子、东坡酥等。这些饱含人间烟火真情的美食，正是苏轼热爱生活的美好表达，也是他酸甜苦辣一生的最好见证。


## 养生真的很重要

　　苏轼不仅是一位名副其实的美食家，同时又是一位地地道道的养生家。苏轼一生坎坷，虽屡遭磨难，却始终保持着豁达开朗的性情，直到晚年，仍精力旺盛，笔耕不辍，佳作频出。这样的精神状态，和他的养生是分不开的。在长期的生活实践中，苏轼走出了一条属于自己的养生之道。

首先，他很注重培养自己的健康体魄，走出了独具特色的"东坡养生"法。苏轼养生的方法全面又系统，很多是从生活中的细处着手的。例如，吃饭是每个人一天中必须要做的事情，但又因为吃饭这件事太过于平常，很多人都忽视了它的重要性。对于注重养生的人而言，饭怎么吃，其实大有讲究。

苏轼的饭食是粗细搭配，荤素搭配，素食为主。他爱吃的饭食有"三白饭"（白米、白萝卜、白盐）、"二红饭"（大麦仁和小豆）、玉糁羹（米糁掺山芋）、东坡菜羹（米糁、豆子掺蔓菁、萝卜、苦荠）等。他还常吃甜藕、豆腐、豆干、汤饼等素食。当然，苏轼也爱吃肉，但他会特别注重如何烹饪肉食，使之既能美味，又能利于人们的身体健康。

苏轼认为，"善养生者，慎起居，节饮食，导引关节，吐故纳新"。除了要养成良好的饮食习惯，养生上他还强调"能逸而能劳"，并将思考的成果运用于实践。

苏轼一生都很勤劳，平生手植松树数万，在黄州和儋州

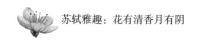

他都亲自种田，体力劳动使他变得又黑又壮。他年轻时，曾骑马、射箭、打猎、习武，以使体魄强健。闲暇时，苏轼爱游山玩水，吟诗作画，也喜欢静坐，为此他在儋州修建了一座"息轩"，以作静修之用。

如果说，良好的生活方式让苏轼有了一个好身体，那么高雅的兴趣爱好，则让苏轼在钻研、审美的过程中不断陶冶性情，涤荡心灵，也成了他在逆境中最好的调节剂。

"明月几时有，把酒问青天。"在苏轼很多诗句中都有酒的身影，事实上，苏轼好酒，但不善饮。饮酒既是他的爱好，也是他的养生之道，他把情怀融入了酒里，在人生最不如意的那段时间里，他达到了文学创作的巅峰。苏轼好酒更好茶，茶对于他来说，是牵挂一生的嗜好，他写了大约200首与茶有关的诗词。

《东坡志林》记有一则逸事，苏轼提出了"四当"养生经，可谓一份极有价值的养生经验的总结。

一次，他的一个朋友带来一张上好宣纸，求其墨宝，并希望讨点养生之道。苏轼爽快地挥笔写下"无事以当贵，早寐以当富，安步以当车，晚食以当肉"。他的朋友看后，一脸的茫然，苏轼笑着解释道，养生长寿的秘诀，全在这四句话里！

何谓"无事以当贵"？人活在世上，不要去追逐功名利禄，不要留恋官场富贵，也不要将荣辱得失看得太重。成书于春秋战国时代的《黄帝内经》就提出了"恬淡虚无，真气从之，精神内守，病安从来"的养生观。

"早寐以当富"，指的是良好的起居习惯，比金银珠宝更为宝贵。古人云"睡食二者为养生之要务""能睡者，能食，能长寿"。如睡眠不足，过度劳累，日久便会耗伤气血，进而损及五脏，导致各种疾病的发生。

"安步以当车"，指人莫贪图安逸，肢体不劳，而应多以步行来替代骑马或乘车。多运动可活动筋骨、通畅气血、强身健体、益寿延年。著名养生家华佗也提倡人体应该多活动，他说："人体欲得劳动，动摇则谷气得消，血脉流涌，病不得生。"

"晚食以当肉"，是指人感觉到饥饿再进食，味道就像食

養生論

世或有謂神仙可以學得不
死可以力致者乂云上壽百二十
古今所同過此以往莫非夭妄
者此皆两失其情試粗論之夫

苏轼《养生论》小楷（局部）

肉一样，并且不要吃得太过饱，如果太饱，即便肉食珍馐，也不会觉得美味。《寿世保元》提倡："食惟半饱无兼味，酒至三分莫过频。"这也是古人关于"饮食有节"的经验之谈，言之有据，施之有效，若过饥过饱、过热过冷、肥甘厚味、暴饮暴食，则形坏而寿夭。

苏轼在生活上做到了"三养"，即安分以养福，宽慰以养气，省费以养财。他写过一首著名的《养老篇》，讲述了日常生活从饮食、心理、起居、行走、养护五官、练习气功等诸多方面的养生之道：

软蒸饭，烂煮肉。温美汤，厚毡褥。少饮酒，惺惺宿。缓缓行，双拳曲。虚其心，实其腹。丧其耳，忘其目。久久行，金丹熟。

苏轼一生仕途坎坷，很不得志，但他却处世豁达，注重养生，还潜心研究医药，收集民间验方，编成《苏沈良方》等医学著作，显示了诗人济世救人的高尚情怀。

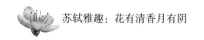 苏轼雅趣：花有清香月有阴

## 美食和美文可以兼得

苏轼是中国历史上一代文豪，也是一代美食家。

美食总是与美文相伴，苏东坡笔下，议肴馔之精要，评美食之得失，都有很多精辟的见解。

"三十功名尘与土，八千里路云和月。"苏轼仕途坎坷，数次被贬，磨难多多，他曾在《自题金山画像》中写道：

心似已灰之木，身如不系之舟。

问汝平生功业，黄州惠州儋州。

黄州，惠州，儋州，漫漫贬谪路，人生亦何苦？可行走之间，他不断找寻人生中的另一份愉悦与美感。

自笑平生为口忙，老来事业转荒唐。

长江绕郭知鱼美，好竹连山觉笋香。

逐客不妨员外置，诗人例作水曹郎。

只惭无补丝毫事，尚费官家压酒囊。

——《初到黄州》

　　黄州，是苏轼人生的一大转折地。元丰二年（1079 年），四十三岁的苏轼任湖州知州，上任后给神宗写了一封《湖州谢表》，被新党弹劾"愚弄朝廷，妄自尊大""包藏祸心"，一时间，朝廷内一片倒苏之声。七月二十八日，上任才三个月的苏轼被御史台吏卒逮捕，解往京师，受牵连者达数十人。这就是北宋著名的"乌台诗案"。

　　从轻发落的苏轼被贬为黄州团练副使。《念奴娇·赤壁怀古》《赤壁赋》《后赤壁赋》等名篇，都是他谪居黄州期间所作。公务之余，他带领家人开垦城东的一块坡地，种田帮补生计。"东坡居士"的别号便是苏轼在这时起的。

　　这首《初到黄州》是苏轼初到黄州的所见，深刻地刻画了他当时复杂矛盾的心绪。开篇便是自嘲"平生为口忙"，因乌台诗案"事业转荒唐"。接下来一句却开始赞美起"鱼美"和"笋香"，失意之中还不忘美食，自得其乐、随缘自

适的人生态度跃然纸上。

有一次，好友陈慥（字季常）送给他一筐覆盆子，作为一名资深吃货，苏轼十分感动，特地写了封书信——《覆盆子帖》。

宋哲宗绍圣元年（1094年），苏轼以"讥斥先朝"之罪被贬岭南，在当时这"蛮荒之地"，他又发现了一种美食——荔枝。第一次尝鲜后，苏轼便对荔枝欲罢不能，写下了这首著名的《惠州一绝·食荔枝》：

罗浮山下四时春，卢橘杨梅次第新。

日啖荔枝三百颗，不辞长作岭南人。


虽然一再被贬，已然59岁的苏轼却也乐观旷达、随遇而安，这里山清水秀，人情纯朴。

当然，苏轼"长作岭南人"的心思并未如愿，不久，64岁的他就又被贬到更为偏远的海南儋州。

当时的儋州，不仅荒无人烟，稻谷亦是经年难收，不要

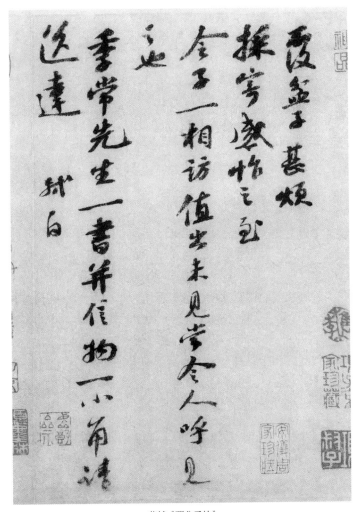

苏轼《覆盆子帖》

427

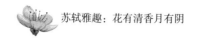

说什么美酒佳肴，能填饱肚子就不错了。饥肠辘辘，清苦难挨的日子里，苏轼只能和当地乡民一样以山芋充饥。

儿子苏过想弄点好吃的给父亲，于是想法弄来了一些米，和着芋艿一起煮了一锅芋羹汤，没想到苏轼却吃得很高兴，并即兴作诗一首：

香似龙涎仍酽白，味如牛乳更全清。

莫将北海金齑鲙，轻比东坡玉糁羹。

原诗无题，饱食之后，苏轼特地为此诗作一题示云：

过子忽出新意，以山薯作出玉糁羹，色香味皆奇绝。天上酥酡则不可知，人间决无此味也。

在苏轼看来，这道美食色香味俱佳，实在不是人间能够轻易吃得到的，其畅快赞美之情溢于言表。苏轼诗中盛赞的这锅芋羹汤，就是现在儋州的"玉糁羹"，如今已经成为当地的一道著名美食。

被苏轼点赞过的美食还有很多。

香雾噀人惊半破，清泉流齿怯初尝。

这是苏轼在咏橘，以抒发自己清新高洁之性情。

我欲自汝阴，径上潼江章。

想见冰盘中，石蜜与柿霜。

这是好吃的苏轼在怀念石蜜的甜美滋味。

地碓春秔光似玉，沙瓶煮豆软如酥。

我老此身无着处，卖书来问东家住。

卧听鸡鸣粥熟时，蓬头曳履君家去。

这是源自苏轼《豆粥》一诗里的诱人文字。

"蒌蒿满地芦芽短，正是河豚欲上时。"苏东坡喜欢吃河豚，有人请他，大快朵颐后，他大叹："死了也值得！"

他自号"饕翁"，洋洋洒洒一篇《老饕赋》，几乎道尽了中国烹饪的技巧与饮食生活的美妙。

苏轼的一生，因美食而生的美文不胜枚举。

人生不如意事常八九，颠沛流离的一生，雅趣十足的苏轼不仅品得了尘世生活的苦味，也品得了天下美食的美味，留下了脍炙人口的诗篇。对于一个热爱生活、尊重生命的人而言，这才应该是人生的真味。

旷达洒脱如苏轼，自古能有几人？

第十九卷

自笑平生为口忙：苏轼戏谑诗趣

宋人戏谑风尚盛行，苏轼学问广博，才思敏捷，个性狂放，戏谑出口成章，其幽默戏谑在历史上是出了名的。苏轼敢于戏谑，善于戏谑，嬉笑怒骂，皆成文章。他的戏谑诗文，堪称中国古代文坛上的一道风景。

　　"东坡善嘲谑""东坡多雅谑"，无论顺利通达，还是贬谪流落，苏轼都留下了许多机智幽默、妙趣横生的文字。他戏谑为诗，不仅具有很高的艺术技巧和深刻的思想内容，也是他人生智慧和乐观精神的体现。

## "平生文字为吾累"：自嘲还是自醒

苏轼命运升沉起伏、坎坷不平。面对现实生活中的痛苦，他并没有沉浸其中不能自拔，而总是想方设法去挣脱痛苦，超越苦难。在他跌宕坎坷的一生里，苏轼留下了为数众多的"自嘲"诗，以求用自我解嘲来对抗现实中的苦难，化解生命中的悲凉。

且看他的《初到黄州》：

自笑平生为口忙，老来事业转荒唐。

长江绕郭知鱼美，好竹连山觉笋香。

逐客不妨员外置，诗人例作水曹郎。

只惭无补丝毫事，尚费官家压酒囊。

"乌台诗案"后，苏轼虽然最终被释放，却迎来了人生

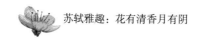

的仕途转折点，此后半生基本上是一贬再贬。这首诗就是苏轼第一次被贬谪到黄州的时候所作的一首自嘲诗作。

这首诗首联以自嘲开篇，平生为了生计在奔波，直到这把年岁了仕途还是没有太大起色，想想自己年轻时候的雄心壮志和抱负，只能自嘲一笑。其中"荒唐"二字可以看出诗人对于自己过往的言行有一定的否定和自嘲，不过其中也有几分愤懑不甘。

颔联则是表达了自己到黄州以后对于未来生活的美好憧憬，黄州被长江环绕，其中鱼儿鲜美，山中也竹子颇多，看着这样的景象，诗人似乎嗅到了鱼香笋香。不得不说诗人的心态真的很乐观，在人生低谷期还能够对于生活有这般美好的憧憬，令人钦佩不已。

再来看他的《洗儿戏作》：

人皆养子望聪明，我被聪明误一生。

惟愿孩儿愚且鲁，无灾无难到公卿。

这首小诗依然作于"乌台诗案"之后。苏轼在黄州一贬就是五年，他初寓居于定惠院，后迁居于临皋亭，倒也安于贬所，随僧蔬食，有暇则寻溪傍谷钓鱼采药，自寻欢适。有时也随一叶扁舟，放棹于大江之上，浪迹于山水之间，与渔樵杂处而自得其乐。元丰六年（1083 年）九月二十七日，苏轼侍妾朝云产下一子，小名干儿，可爱颖异，欣然之中，苏轼作《洗儿戏作》诗，一来表达中年得子之喜，二来借以一吐胸中块垒。

全诗以一个"望"字，写尽了人们对孩子的期待；以一个"误"字，道尽了作者一生的遭遇。

诗中几处转折，情味全在其中：世人望子聪明，我却望子愚蠢，一转折也；人聪明就该一生顺利，我却因聪明误了一生，二转折也；愚鲁的人该无所作为，但却能"无灾无难到公卿"，三转折也。前两句自嘲中饱含悲怆之感，后两句戏言中又透出讥刺之意，虽曰"戏作"，实则意味深远。

平生文字为吾累，此去声名不厌低。

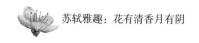 

塞上纵归他日马，城东不斗少年鸡。

这是"乌台诗案"中死里逃生的苏轼，在获释后走出牢狱当天所写的一首诗。

"少年鸡"指的是唐朝的贾昌。贾昌年老时告诉别人，自己是少年时因斗鸡而获得唐朝天子的宠爱，升任宫廷的弄臣和伶人。苏轼笔下的"少年鸡"，暗讽的就是那些一意媚上的佞臣，也就是那些排挤陷害他的小人，不斗少年鸡，也就是说不屑于和这些小人一般见识。

苏轼的自嘲诗，如他在诗中所言"平生文字为吾累"。

这是无奈的自谴，更是迟到的反省。或许，更加无奈的是，性格决定命运，天生如此，本性难移的苏大学士，也就只能在漫长的贬谪之路上"痛并快乐着"了。

苏轼一生确实屡受文字所累，但他的一生也因文字而荣。也正因为如此，无限喜爱苏轼的后人，才有幸见到如此生趣盎然的美文。

## 一次误判的直言快语

苏轼二十一岁中进士，颇得当时的文坛领袖欧阳修的赏识，甚为得意，数年后，苏轼又于制科考试优入三等，文名一时冠绝天下。入仕之初，苏轼任凤翔府签判，协助知府陈希亮掌理日常事务。

陈希亮，字公弼，十七岁入进士，是和包拯齐名的清官。史载陈希亮身材矮小清瘦，为人刚直，一身正气，面目颜冷，两眼澄澈如水。说话斩钉截铁，常常当面指责别人的过错，不留情面，士大夫宴游间，但闻陈希亮到来，立刻阖座肃然，与笑寡味，饮酒不乐起来。他对待僚属，自然更加严厉，竟然有很多人吓得对他不敢仰视。

苏轼性豪阔，不会官僚滑头，而做事却勇于负责，意见不同时，便要据理力争。争议不下，这二十七八岁的签判，年少气盛，就不免行诸辞色，一点不肯屈就退让。陈希亮也有意要裁抑这个锋芒太露的后辈，对他也一样端起架子，毫不客气，使苏轼更难忍受。

 苏轼雅趣：花有清香月有阴

到任后不久，一些仰慕苏轼的小吏便称他为"苏贤良"。平日受人恭维惯了，苏轼不免也有些飘飘然，坦然受之。不料被陈知府听到了，勃然大怒，当着苏轼的面下令杖责这个小吏，斥道："府判官只是协理文案的官员，有何贤良可言？"令苏轼很下不来台。

此后，凡看到苏轼有骄矜自得之意，陈希亮在苏轼登门求见时，也是故意拒绝不见。最让苏轼郁闷的是，他所拟的公文总会被这个陈知府挑剔涂改再三。这对一个自认为文采斐然的年轻才子而言，情何以堪？其羞愤恼怒之情可想而知，奈何尊卑有序。时间久了，苏轼认为上司是在无端打压自己，遂与陈希亮交恶，如果没有公事往来，他尽量不与陈希亮接触。两人之间的摩擦，造成日深的成见，他不赴府宴，中元节也不过知府厅堂，陈希亮抓住这一点，竟然上奏朝廷纠劾他，苏轼因此被朝廷罚铜八斤。

年轻气盛，不受上司赏识的苏轼十分痛苦，自感怀才不遇，仕途渺茫，因此在诗中写道："虽无性命忧，且复忍斯须。"不久，陈希亮在官衙后面建起一座凌虚台，站在台上，

终南山近在眼前。陈希亮知道苏轼文笔出众，就请他撰写一篇《凌虚台记》，以纪其盛。

一直心高气傲且郁闷不已的苏轼，终于可以逮住个机会出口怨气了，遂将对陈希亮的种种不满，全部写入《凌虚台记》中，于是文中就出现了这样的文字：

物之废兴成毁，不可得而知也。……方是时，岂知有凌虚台耶？废兴成毁，相寻于无穷，则台之复为荒草野田，皆不可知也。

夫台犹不足恃以长久，而况于人事之得丧，忽往而忽来者欤！而或者欲以夸世而自足，则过矣。盖世有足恃者，而不在乎台之存亡也。

在别人大喜的日子大谈岁月无常，苏轼的一番直言快语，显然不是来添彩的，而是来添堵的。无论如何，一向喜欢戏谑的苏轼，又乘此机会给这位难缠的顶头上司浇了一头冷水。

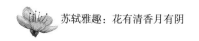

苏轼以为陈希亮又会像以往那样，对文章进行大肆修改。没想到他看了《凌虚台记》后，竟不易一字，吩咐刻字上石，并且慨然道：

吾视苏明允，犹子也；苏轼，犹孙子也。平日故不以辞色假之者，以其年少暴得大名，惧夫满而不胜也，乃不吾乐耶！

陈希亮也是眉州青神人，苏陈两家原是数代世交，论辈分，比苏洵还长一辈。陈希亮说，我对待苏洵就像自己的儿子一样，苏轼就像我的孙子，之所以平日对他如此严厉，就是担心他年纪轻轻却享有大名，会骄矜自满，内在涵养不足，这不是我愿意看到的事情。

陈希亮宽怀大度的一番话，让苏东坡无地自容。那时他才知道，自己的长官对自己态度严厉，竟是有意为之，为的是挫一挫他的锐气，让他不要太志得意满，以免将来吃亏。

按照陈希亮的说法，他的儿子陈季常（陈慥）要比苏轼高出一辈，但苏轼与陈季常，却成了要好的朋友。苏轼贬谪黄州，昔日旧友们恐惹祸上身，大都避之不及，唯陈季常是东坡草堂谈佛论道的常客。

陈季常信佛，自称龙丘先生。他喜好声色，宴会时又经常安排歌女唱歌。他的夫人柳氏是个很有个性的人，又容易吃醋。陈季常宴客时如果有歌女在场，她便会大叫大喊，用木杖用力敲打墙壁，所以陈季常非常怕她。

苏轼曾经写了一首诗戏谑他，诗中有四句说：

龙丘居士亦可怜，谈空说有夜不眠。

忽闻河东狮子吼，拄杖落手心茫然。

寥寥数语，情态尽出。陈季常也实在可怜，他整夜不睡议仙论道谈空说有，忽然听见那河东狮子的吼声，便吓得连扶着的拄杖也掉了。

后来，这个故事被宋代的洪迈写进《容斋三笔》中，广为流传。"河东狮吼"的典故从此确立，而惧内的人则被戏

称为有"季常之癖"。坊间也传出了"河东狮吼陈季常，千古风流苏东坡"的名句。

再回到之前提到的陈希亮，无论人生如何漂泊沉浮，苏轼一生都记得这位前辈的大恩。陈希亮死后，苏轼因其子陈季常之请作《陈公弼传》，其中有文字写道：

公于轼之先君子，为丈人行。而轼官于凤翔，实从公二年。方是时年少气盛，愚不更事，屡与公争议，形于言色，已而悔之。


## 戏言戏语道人生

幽默是苏轼的天性，在他近三千首诗中，"戏作"一类有近百首。他常常用漫画式的笔法，勾勒自我的喜剧形象，如上文曾经提到的那一首《吉祥寺赏牡丹》。人老了还要把花插在头上，自己竟不知羞，而花应当感到羞辱。喝得酩酊大醉，头上插着鲜花，一路走得磕磕绊绊，引得别人的围观和哄笑；教十里红楼卷珠帘，万人空巷争观看。

簪花，在宋代不仅是风俗，也成为一种时尚，许多词家诗人也通过簪花来表达不同流俗的个性，抒发人生情怀或愉快心情。赏花开心，饮酒助兴，苏轼诗中所写，正是他当时簪花醉酒，一路惹人瞩目的可爱可笑情状。

苏轼说自己"吾上可陪玉皇大帝，下可陪卑田院乞儿。眼前见天下无一不好人"。贬谪黄州更是"放浪山水之间，与渔樵杂处"，苏轼做出过许多于北宋众多理学家不容之事，《湖上夜归》就记录了诗人湖上饮酒半醺而归，闹市街上失态被人笑的事情：

睡眼忽惊矍，繁灯闹河塘。

市人拍手笑，状如失林獐。

苏轼的诗中，还有许多本来平常并无可笑之处的题材，一经他的点染生发，便妙趣横生。如《谪居三首》之一的《旦起理发》：

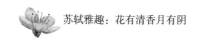

老栉从我久，齿疏含清风。

一洗耳目明，习习万窍通。

一把破旧的梳子，苏轼却能写出如此充满谐趣妙理的诗句，没有超然旷远的心胸，怎能如此？

相传曾经有位官员，邀请苏轼在家里看最美的侍妾跳舞，并让苏轼评点，结果苏轼却写下了一首戏言诗：

舞袖翩跹，影摇千尺龙蛇动；

歌喉宛转，声撼半天风雨寒。

这既说了侍妾舞姿优美，歌声婉转，又隐喻她身材太高，如同龙蛇乱舞；嗓门太大，如同空中惊雷。有了这样的前车之鉴，找苏轼赐诗的歌女舞女也少了。

在他即将离开黄州之时，送行的宴会之上，有一个叫作李淇的歌女，是苏轼的超级粉丝，实在忍不住了，在众目睽睽之下，她跪在地上，请苏轼在她的披肩上题诗。

于是，苏轼让人取来笔墨，在李琪的披肩上写下了两句诗：

东坡五载黄州住，何事无言及李琪。

这句诗平淡无奇，就是说苏轼在黄州五年，从来没有提及过李琪。苏轼写完之后，所有人不禁有些失望，大家都在等着苏轼继续写完。苏轼却把笔一扔，继续饮酒作乐，在觥筹交错之中喝得红光满面。李琪等了一会儿后，小声请求他写完。苏轼哈哈大笑，又让人捡起毛笔，添了两句，补全了这首《赠李琪》：

东坡五载黄州住，何事无言及李琪。
恰似西川杜工部，海棠虽好不吟诗。

最后两句一出，在场人都拍案叫绝。原来，此诗引用了

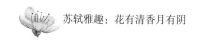 

一个典故，那就是杜甫在四川住了八年，写下了几百首诗，却没有一首是写海棠的。四川是海棠之乡，海棠很美，有"断肠花"之称。因此，很多人认为，杜甫自觉连他都不能道尽海棠的美丽，所以干脆搁笔不写。这首《赠李淇》，可谓是欲扬先抑，它的起点如此之低，结尾却如此之高，立意新颖，让李淇一跃成为黄州的明星，可谓难得的佳作。

"造物亦戏剧，愿君付一笑。"身处困厄的苏轼总能以自嘲幽默的方式冲淡人生的苦味，苦中求乐，随遇而安。贬居惠州期间，苏轼曾作有这样的诗句：

白头萧散满霜风，小阁藤床寄病容。
报道先生春睡美，道人轻打五更钟。

可惜苏轼这样安逸的"春睡"并没有享受多久，据说当时宰相章惇看到这首诗说："苏子瞻复如此快活耶？"一怒之下，苏轼又被打发到更加偏远的儋州。

初到几近于蛮荒的儋州，年迈体衰的苏轼心生悲凉，一度绝望到了极点，他在写给友人的信中曾说："某垂老投荒，无复生还之望，昨与长子迈诀，已处置后事矣。今到海南，首当作棺，次便作墓，乃留手疏与诸子，死则葬海外，生不契棺，死不扶枢，此亦东坡之家风也。"可是不久，他却深深地爱上了这片蛮荒之地，写于此时此地的《纵笔三首》曰：

其一

寂寂东坡一病翁，白须萧散满霜风。

小儿误喜朱颜在，一笑那知是酒红。

其二

父老争看乌角巾，应缘曾现宰官身。

溪边古路三叉口，独立斜阳数过人。

其三

北船不到米如珠，醉饱萧条半月无。

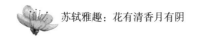
苏轼雅趣：花有清香月有阴

明日东家知祀灶，只鸡斗酒定膰吾。

苏轼时已 64 岁，且病魔缠身，面对"食无肉，居无室，病无药，出无友"的困境，年终岁末，直写对邻人送酒肉的期待与信任。

三年后，苏轼遇赦北归，写下了这首与当地人民难分难舍的《别海南黎民表》：

我本儋耳人，寄生西蜀州。
忽然跨海去，譬如事远游。
平生生死梦，三者无劣优。
知君不再见，欲去且少留。

一千多个日夜的海南生活，流浪一生的苏轼早已经将这里当作自己的故乡。这里的黎民百姓，不是亲人胜似亲人，这里的一山一水，如此让人留恋不已。"我本儋耳人，寄生西蜀州"一语，让人如此动情不已，也叹惋不已，自嘲自况

苏轼《别海南黎民表》碑刻

449

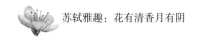

的背后，是苏轼一生磨难，也是一生洒脱的生命表达。

尘世沧桑，天妒英才。更让人叹惋的是，又半年后，苏轼北归途中染病，卒于常州。

在苏轼人生的许多时刻，看似戏言戏语，实则悲欣交集。对于苏轼这样一位早已参透了世间冷暖的生活达人来说，荣辱得失已经不再重要，他早已生活在自己灵魂的境界里，幽默机趣，随遇而安，自得其乐，无欲无求，这境界足以让真正懂他的人会心而笑。

清代文艺批评家刘熙载说："东坡长于趣。"清史震林说："趣者，生气与灵也。"苏轼的诙谐幽默是率真个性和旷达性格的自然流露与外化实现，戏言戏语之中，生活的境界尽在其中，这是一种极其高明的人生智慧。正如朱光潜先生所说："谐所以能在丑中见出美，在失意中见出安慰，在哀怨中见出欢欣。"